Werte.
Was die Gesellschaft zusammenhält.

Werte.
Was die Gesellschaft zusammenhält.

HERAUSGEGEBEN VON
LIZ MOHN, BRIGITTE MOHN,
WERNER WEIDENFELD, JOHANNES MEIER

Verlag BertelsmannStiftung

Für Reinhard Mohn

Inhalt

III. Gesellschaftliche Handlungsrahmen

VORWORT

Geistige Orientierung in der Zeitenwende

Die Unruhe der Zeitenwende ist mittlerweile in alle Lebenszusammenhänge eingedrungen. Ob im Privaten oder im Gesellschaftlichen, überall lassen sich Spuren der Verunsicherung entdecken. Eine immer schneller voranschreitende Globalisierung hat viele Menschen verunsichert; kulturelle Auseinandersetzungen haben durch die Terroranschläge des 11. September 2001 ihr zerstörerisches Potenzial offenbart; zunehmend heterogene westliche Gesellschaften empfinden sich häufig bedroht von einer offensiven islamischen Religiosität, die so selbstverständlich ein Teil des Alltags der Muslime überall auf der Welt ist wie dies seit langem schon nicht mehr für die christlichen Religionen gilt. Hinzu kommt, dass das säkulare Selbstbewusstsein der westlichen Moderne ins Wanken geraten ist und in kulturell-religiös getriebenen Konflikten keinen argumentativen Halt zu bieten scheint.

Gleichzeitig lassen sich Beobachtungen machen, die auf eine Erneuerung der westlichen modernen Gesellschaften aus der Rückbesinnung auf seine eigenen religösen Wurzeln hindeuten. Kaum jemand konnte sich der Kraft der Bilder von der Beisetzung Johannes Pauls II. und der Amtseinführung Benedikts XVI. entziehen. Die tiefe Trauer einerseits und die Begeisterung der Menschenmassen andererseits hatten viele verleitet, von einer triumphalen Rückkehr der Religion als gestaltende Kraft moderner Gesellschaften zu sprechen – vielleicht ein wenig vorschnell, denn empirisch ist dies bis heute noch nicht wirklich nachgewiesen worden.

Unzweifelhaft ist Religion, und damit verbunden die Frage nach Werten, zu einem der gesellschaftlichen Großthemen aufgestiegen. Westliche Gesellschaften wirken bei dessen Behandlung jedoch häufig unsicher. Es schält sich indes mehr und mehr die Überzeugung heraus, dass nur eine klare Werteorientierung dem Leben Halt gibt, und dieser Halt unter den Bedingungen einer beschleunigten Globalisierung dringender vonnöten ist als zu früheren Zeiten. Viele Diskussionsstränge versuchen zu ergründen, wie die in ihrer ethischen Substanz als richtig zu betrachtenden Werte unserer Kultur in zeitgemäßer Weise stärker im öffentlichen Bewusstsein verankert werden können. Unter der Krafteinwirkung innerer und äußerer gesellschaftlicher Fliehkräfte ist diese Diskussion schärfer geworden.

Zwar ist viel Religiöses berührt worden seit dem dramatischen Ereignis des 11. September 2001. Ob wir deshalb schon in einer post-säkularen Gesellschaft leben oder nicht, muss dahingestellt bleiben. Soviel scheint indes sicher: Es gibt diese frei schwebende Religiosität, die sich allerdings noch nicht zu einer neuen kraftvollen Moralität verstetigt hat. Dass es eine solche kraftvolle Moralität braucht, scheint unabweisbar, weil nur so westliche Gesellschaften sich in einer globalisierten Welt behaupten können, in der andere Kulturen immer wuchtiger eigene Ansprüche moralisch geltend machen. Denn letztlich gilt, dass nur solche Gesellschaften zukunftsfähig sind, die sich aus dem Kraftzentrum ihrer eigenen ethischen Überzeugungen heraus erneuern.

Um das Verständnis dieser neuen gesellschaftlichen Herausforderungen und der möglichen Handlungsoptionen ging es in vielen Gesprächen mit Reinhard Mohn. Immer wieder hat er die Bedeutung der geistigen Orientierung für den gesellschaftlichen Zusammenhalt betont. Dabei hob er immer wieder hervor, dass traditionelle Institutionen fortgeschrieben werden müssen, wenn sie den Bedürfnissen der Menschen entsprechen sollen. Und es wurde klar, dass Werte nicht nur in Reservaten des Religiösen hervorgebracht werden, sondern in allen Institutionen einer Gesellschaft entstehen. Wir haben viele namhafte Autoren gewinnen können, sich diesen Fragen zu stellen – ein erster Ertrag ist dieses Buch über Werte, das wir Reinhard Mohn an seinem 85. Geburtstag überreichen. Wir hoffen, dass die dort versammelten Beiträge ihm einige Antworten auf seine Fragen geben; sie sind aber hoffentlich auch Anregungen, die sein eigenes Denken neu beflügeln.

Liz Mohn
Brigitte Mohn
Werner Weidenfeld
Johannes Meier

I.
Vom Sinn der Religion

HANS JOAS

Werte und Religion

Wann immer von der Notwendigkeit einer klaren Wertorientierung, der Dringlichkeit einer Rückbesinnung auf die eigenen Werte oder den Schwierigkeiten der Wertevermittlung an die nachwachsende Generation die Rede ist, liegt die Frage nach der Religion nicht fern. Das ist nicht überraschend, da Religionen ja in der Tat Werten eine anschauliche Gestalt verleihen, Gläubige aus ihrem Glauben Motivation und Orientierung gewinnen und sich in Traditionen stellen, die sie auch an ihre Kinder und Schüler weiterzugeben versuchen.

Bei näherer Betrachtung zeigen sich aber auch Schwierigkeiten. Die christlichen Kirchen etwa sind trotz aller Leistungen auf dem Gebiete der Wertevermittlung keineswegs einhellig begeistert, wenn an sie angesichts gesellschaftlicher Missstände eine Art Auftrag ergeht, den sozialen Zusammenhalt herzustellen. Sie fühlen sich dann zum bloßen Werkzeug oder gesellschaftlichen Funktionssystem herabgewürdigt und wehren sich gegen die Indienstnahme des Glaubens. Der Glaube – so ihr Einwand – entsteht nicht durch die rationale Überzeugung, er sei für den Einzelnen oder für andere oder die Gesellschaft nützlich. Umgekehrt warnen manche davor, die Religionen überhaupt als mögliche Quelle des sozialen Zusammenhalts in Betracht zu ziehen. Religionen seien – so ihr Argument –

notwendig partikulare Gebilde, die von partikularen Gemeinschaften getragen werden. Ganz unabhängig von ihrer Ausrichtung stecke in ihnen deshalb eher ein spaltendes Potenzial, das Staat und Gesellschaft zu zähmen und durch religiös neutralisierte Institutionen zu überwölben hätten.

Die folgenden Überlegungen stellen einen kleinen Versuch dar, einen realistischen Weg religiös fundierter Wertevermittlung in einer Zeit zu skizzieren, in der die verschiedenen Religionen durch Migration und Globalisierung in immer nähere Berührung miteinander kommen, gleichzeitig aber auch (besonders in Europa) die christliche Tradition durch verschiedene Formen der Säkularisierung in die Defensive gedrängt, ja teilweise sogar marginalisiert worden ist.

Religion ist versuchte Interpretation menschlicher Erfahrungen

Der Ausgangspunkt muss dabei die Einsicht sein, dass Religionen in der Tat mehr sind als Wertesysteme.[1] Wer glaubt, sieht seinen Glauben gewiss nicht vornehmlich als logisch konsistentes System von Sätzen über das Gute – oder gar als bloß emotional gefärbte Moralität. Der Glaube beruht auf intensiven Erfahrungen; er ermöglicht die Teilhabe an Ritualen, die selbst wieder Quellen von Erfahrungen sind; er bietet Vorbilder an, die uns zur Nachfolge einladen, und er enthält Geschichten und Mythen, die uns bei der Deutung unseres eigenen Lebens und der Geschichte anleiten und uns helfen, Fragen nach dem Sinn unserer Existenz zu beantworten.

Entscheidend dabei ist, dass all diese Erfahrungen, Symbolisierungen und Narrationen viel zu reich sind, als dass sie sich auf Formeln bringen ließen. Plausibler als die Reduktion von Religionen auf Wertesysteme wäre es deshalb, umgekehrt auch in allen nicht religiösen Wertesystemen nach den Erfahrungsgrundlagen, symbolischen und narrativen Strukturen zu fragen. Gewiss folgen aus dem Glauben für den Gläubigen Orientierungen, aber sie folgen aus ihm nicht in abstrakter logischer Ableitung, sondern durch die konkrete Ausdeutung der immer riskanten Situationen des Entscheidens und Handelns.

Diese Einsicht in den Charakter von Religionen – teilweise aber sogar der zeitlich stabilen und breitenwirksamen säkularen Weltdeutungen – muss deshalb am Anfang stehen, weil sie einen Effekt verständlich macht, der bei den Versuchen, einen Überblick über die Religionen der Welt oder die konkurrierenden Wertesysteme zu geben, immer wieder auftritt, von vielen allerdings als paradox empfunden wird. Wenn Religionen – sei's im schulischen Unterricht, sei's in wissenschaftlicher Form – als bloße Systeme von Werten oder für wahr gehaltenen Glaubenssätzen dargestellt werden, dann ist der Effekt zunächst meist Verwirrung, dann Indifferenz.

Selbst wenn die Absicht dieser Beschäftigung darin bestand, den Teilnehmern die freie individuelle Entscheidung auf dem Markt der Sinndeutungs-Möglichkeiten zu erleichtern, müssen in dieser Darstellung die einzelnen Religionen als schwierig zu verstehende, die Grenzen der Nachvollziehbarkeit strapazierende, stellenweise gar kuriose Gebilde erscheinen.

Dies gilt nicht nur für die Religionen exotischer Kulturen, sondern in solcher Darstellung selbst für diejenigen, die in der Vergangenheit die eigene Kultur tief geprägt haben; auch diese können Kopfschütteln über die Irrationalität unserer Vorfahren auslösen. Nicht Gläubige finden damit in der Regel die Bestätigung ihrer Voreinstellung, wie heilsam der Abstand gegenüber den Merkwürdigkeiten des religiösen Lebens sei. Wenn ihnen bloße Distanz nicht genügt, können sie lediglich versuchen, eine objektivierende Perspektive auf die Religionen in ihrer Vielfalt einzunehmen, sie also als Folge ökonomischer, politischer oder sozialer Bedingungen aufzufassen oder sie den psychologischen, vielleicht sogar biologischen Phänomenen des Menschseins zuzurechnen.

Für Gläubige gibt es bei solcher Konfrontation mit der Vielfalt der Religionen (und säkularen Weltdeutungen) prinzipiell zwei Möglichkeiten. Auch sie können, wie der selbstgewiss säkulare Denker, nur ihrem eigenen Glauben Wahrheit, ja sogar Evidenz zubilligen; auch für sie sind dann alle anderen Religionen ein Kuriositätenkabinett – ein »Kauderwelsch«, wie manchmal Missionare die Religionen der Missionsgebiete nannten.

Andere Missionare entwickelten dagegen einen verständnisvollen, manchmal sogar bewundernden Zugang zu den Religionen, die sie vorfanden. Sie sahen die Religionen, auf die sie stießen, als imponierende Auslegungen authentischer Erfahrungen, die die Menschen anderer Zeiten und Kulturen in ihrem Leben, dabei eben auch im Umgang mit dem Göttlichen, gemacht hatten.

Voraussetzung eines solchen produktiven Verhältnisses zu Religionen ist es, sie nicht als Wertesysteme, aber auch nicht als quasi-wissenschaftliche Lehrgebäude zu sehen, sondern als Versuche zur Auslegung menschlicher Erfahrungen. Säkulare und religiöse Umgangsweisen unterscheiden sich dann dadurch, dass die einen auch das in der menschlichen Erfahrung Begegnende für eine rein innerweltliche Entität halten, während die anderen eine echte Begegnung mit dem Göttlichen für möglich erklären – in den Erfahrungen der Selbsttranszendenz also die Chance zur Begegnung mit der Transzendenz unterstellen.

Kehrseite der produktiven Neugier auf die religiösen Weltdeutungen ist damit eine gewisse Demut gegenüber dem eigenen Deutungshintergrund. Auch dieser wird dann ja als Ausdruck konstitutiver Erfahrungen erkennbar; es liegt dann der Gedanke nahe, auch die eigene Ausdeutung von Erfahrungen der Selbsttranszendenz für eine nie ganz gelungene, den Reichtum der Erfahrung nie ganz ausschöpfende zu halten; noch viel mehr muss dies gelten, wenn in diesen Erfahrungen eine reale Begegnung mit der Transzendenz des Göttlichen gesehen wird: Dieses kann sich doch in den Worten und Symbolen der Menschen immer nur fasslich enthüllen, aber nie ganz so für uns geben, wie es an sich ist.

In solcher Perspektive ist dann das Wort Gottes, wie es in heiligen Schriften niedergelegt ist, nicht unvermittelter Selbstausdruck Gottes, sondern Wiedergabe der Mitteilungsabsicht Gottes im Bezugsrahmen der Empfänger, und d.h. immer bestimmter historisch und kulturell situierter Menschen, in den Grenzen also von deren Wissen und Vorstellungsvermögen.

Die Beschäftigung mit Religionen erzeugt demnach nur dann nicht die Effekte von Verwirrung und Indifferenz, wenn sie in Aufgeschlossenheit gegenüber dem Anderen und Demut gegenüber dem Eigenen erfolgt. Nun ist es leicht, Aufgeschlossenheit zu fordern und seine Bereitschaft zu ihr zu erklären. Unverbindliche Aufgeschlossenheit bringt aber nicht mehr zustande als die Suche nach Gemeinsamkeiten, die Bildung eines kleinsten gemeinsamen Nenners. Sie erschließt nichts wirklich Neues und führt deshalb auch zu keiner Veränderung des Eigenen. Aufgeschlossenheit ist in diesem Sinne nur eine Minimalbedingung, die gegeben sein muss, wenn ein anstrengender Prozess in Gang kommen soll.

Der Dialog der Religionen als »anstrengender« Prozess

Die ernsthafte Beschäftigung mit Religionen ist aber ein anstrengender, die eigenen Gewissheiten herausfordernder Prozess. Wie beim Verstehen anderer Menschen oder Kulturen überhaupt hilft hier der Vergleich mit dem Erwerb fremder Sprachen weiter. Wenn wir eine fremde Sprache lernen, erhöht sich unsere Sensibilität für Kontingenzen der eigenen Sprache; wir sehen, dass semantische Strukturierungen oder syntaktische Regeln nicht als solche notwendig sind, von der Eigenstruktur der Welt nicht gefordert werden. Der Erwerb jeder weiteren Sprache ist mühevoll. Durch den Versuch, gleichzeitig mehrere Sprachen zu erwerben, werden wir verwirrt und kommen bei keiner richtig voran. Eine vergleichende Vorlesung über die Grammatiken der Sprachen dieser Welt mag uns dann mancherlei Informationen bieten, lehrt uns aber gewiss nicht den Gebrauch einer einzigen Sprache – dies als Analogie zum Versuch, einen Überblick über die Religionen zu gewinnen. Es sieht zwar so aus, als werde der Erwerb weiterer fremder Sprachen leichter, wenn wir schon welche gelernt haben; aber eine völlig verallgemeinerte Sprachlernfähigkeit, die uns den Erwerb der jeweils konkreten Sprache ersparen könnte, gibt es nicht.

George Santayana hat dies auf die berühmte Formel gebracht: »Der Versuch zu sprechen, ohne eine konkrete Sprache zu sprechen, ist ebenso zum Scheitern verurteilt wie der Versuch, ohne Berufung[2] auf eine bestimmte Religion religiös zu sein.« Der »realistische« Weg, der hier skizziert werden soll, muss in einem christlich geprägten Kontext deshalb mit dem ökumenischen Dialog beginnen, sobald die Vermittlung der eigenen Glaubenstradition überschritten werden soll. Chancen und Schwierigkeiten des innerchristlichen ökumenischen Dialogs sind eine notwendige Schulung für eine weiter ausgreifende Verständigung zwischen den Religionen. Der ökumenische Dialog kann tatsächlich zur Überwindung nur scheinbar existierender Differenzen führen, ob diese in den theologischen Lehren bestehen oder in bloßen Mentalitätsstereotypisierungen, wie sie aus der Geschichte überkommen sind oder aus Abgrenzungs- und Selbstprofilierungsbedürfnissen immer neu entstehen. Der Dialog kann aber auch dazu führen, sich in ernüchternder Weise bewusst zu werden, dass noch nicht einmal die Differenzen in einer gemeinsamen Sprache beschrieben und selbst die Gemeinsamkeitsangebote einer Seite als bloße Umarmungsstrategien wahrgenommen werden. Dabei ist der ökumenische Dialog in Deutschland noch dadurch vereinfacht, dass er nur einen kleinen Ausschnitt aus dem Spektrum des Christlichen berücksichtigt. Die orthodoxen und orientalischen Formen des Christentums spielen in ihm nur eine geringe Rolle, und das protestantische Spektrum umfasst praktisch nicht die fundamentalistischen Strömungen, die in den USA so wichtig sind, oder die Pfingstbewegung, deren rapide Ausbreitung in Teilen von Lateinamerika und Afrika spektakulär genannt werden muss.

Neben den ökumenischen Dialog ist in der zweiten Hälfte des 20. Jahrhunderts vor allem der jüdisch-christliche Dialog getreten. Der rassistische Antisemitismus und vor allem die Ermordung von Millionen Juden durch die Nationalsozialisten haben die christlichen Kirchen vor die unabweisbare Aufgabe gestellt, über die Traditionen des christlichen Antijudaismus neu nachzudenken und sich die Frage nach eigener Schuld und Verantwortung gegenüber dem Holocaust zu stellen. Die Rede von der jüdisch-christlichen Tradition, die den Christen heute so leicht über die Lippen geht, ist selbst erst ein

Produkt des 20. Jahrhunderts; dies wird oft vergessen. Sie ist selbst ein Ausdruck des löblichen Versuchs zur Überwindung einer Selbstprofilierung des Christentums im Kontrast zu einem verzerrt dargestellten Judentum. Auch diese uns so problemlos erscheinende Zusammenfügung kann, selbst wenn sie von allen Untertönen frei ist, das Judentum sei nur eine Vorstufe zum wahren Glauben, von jüdischer Seite als Vereinnahmung empfunden werden.

Der verstorbene Papst Johannes Paul II. hat – ein polnisches Dichterwort des 19. Jahrhunderts aufgreifend – durch die Formulierung von den Juden als den »älteren Brüdern im Glauben« einen Ausweg aus dieser Schwierigkeit gesucht; Wolfgang Huber spricht im Anschluss an die jüdischen Religionsdenker Franz Rosenzweig und Martin Buber von »zwei Glaubensweisen«, die erst in endzeitlicher Perspektive zusammenführen.[3]

Weder der ökumenische noch der jüdisch-christliche Dialog sind bisher an ihr Ziel gelangt; ganz unübersehbar aber ist, dass sich am Beginn des 21. Jahrhunderts mit höchster Priorität eine weitere Aufgabe stellt, die man als den Dialog der abrahamitischen Religionen bezeichnen kann – einen jüdisch-christlich-moslemischen Dialog also. Die politische Aufladung des Islam in der Gegenwart kann zu Islamophobie führen, die dieser großen Religion nicht gerecht wird, ja sogar Stereotypen des christlichen Antijudaismus jetzt auf den Islam überträgt. Selbstverständlich sind genauso gefährlich antijüdische und antichristliche Zerrbilder, die von Moslems geglaubt werden. Eine zentrale Stelle in diesem Dialog auf theologischer Ebene scheint mir dabei die christliche Lehre vom dreifaltigen Gott einzunehmen. Was aus moslemischer Perspektive wie ein Rückfall in den Polytheismus erscheinen mag, muss für die Christen Anlass zur Reflexion auf die Tiefe der eigenen Gotteskonzeption sein.

Wenngleich die politische Priorität des »abrahamitischen Dialogs« in der Gegenwart unbestreitbar erscheint, meldet sich bereits die nächste große Aufgabe: der Dialog der abrahamitischen Religionen mit den Formen süd- und ostasiatischer Religiosität. Auch dieser hat – wie die anderen hier genannten Verständigungsversuche – immer schon begonnen, in diesem Fall spätestens im 19. Jahrhundert. Sehr häufig aber ist er nicht wirklich ein Dialog mit den Vertretern etwa des Buddhismus selbst, sondern mit europäischen oder amerikanischen Experten oder Konvertiten oder Zeitgenossen, die mit einem Ausstieg aus der jüdisch-christlich-moslemischen Tradition und damit aus dem monotheistischen Bezugssystem nur liebäugeln. Dies wird sich ändern, und zwar nicht nur wegen der wachsenden ökonomisch-politischen Bedeutung Asiens, der Migrationen und der Politisierung auch des Hinduismus (in Indien) und teilweise sogar des Buddhismus (in Sri Lanka), sondern auch wegen der beträchtlichen Attraktivität vor allem des Buddhismus im Westen.

Schon Max Scheler hat in seinen Spekulationen über ein bevorstehendes »Weltalter des Ausgleichs«[4] diese Notwendigkeit antizipiert. Sowohl die raunende Anpreisung asiatischer Mystik als Alternative zum monotheistischen Glauben wie der pauschale Verweis, dass die mystischen Traditionen der Juden oder Christen oder Moslems das immer schon enthielten, was aus Asien zu lernen wäre, helfen hier nicht weiter. Erneut ist es nur die Bereitschaft zur echten Konfrontation mit dem Anderen ohne Verzicht auf das Eigene, die produktiv wirken kann.

Religion und Politik

Mein Plädoyer gilt also der These, dass heute nur eine solche Form der Glaubensvermittlung zeitgemäß ist, die sich diesen Dialogaufgaben stellt, die aber auch umgekehrt die eigene Glaubenstradition nicht einklammert, sondern geradezu als notwendige Voraussetzung für eine produktive Konfrontation mit dem Anderen betrachtet. Zwei Einwände gegen diese These liegen nahe. Die einen werden zu bedenken geben, dass Religionen sich wechselseitig ausschließen. Die hier skizzierte Perspektive eines mehrstufigen, schwierigen Dialogs wäre dann einfach illusionär; viel wahrscheinlicher sei der Konflikt zwischen den Religionen, der – wenn diese sich politisieren – ein Kampf der Kulturen werden müsse. Die anderen werden einwenden, dass doch zumindest in den radikal säkularisierten Teilen Europas von einer Anknüpfung ans Eigene gerade nicht ausgegangen werden könne; der mehrstufige interreligiöse Dialog müsse deshalb schon auf der ersten Stufe scheitern, und es bleibe nur – bei allen Nachteilen – der neutrale Überblick über die Vielfalt der Weltanschauungen und Religionen.

Beiden Einwänden soll kurz entgegnet werden. Der erste Einwand geht von einer fundamental falschen Prämisse aus, nämlich der, dass Religionen oder Kulturen überhaupt handeln könnten. Im Gegensatz dazu setzen die vorliegenden Überlegungen voraus, dass es immer nur Menschen sind, die handeln, Individuen also und ihre Zusammenschlüsse, Organisationen und Institutionen;[5] diese Menschen glauben und verbreiten ihren Glauben, sie machen Erfahrungen und deuten diese, sie haben vielerlei Bedürfnisse und Interessen, Ziele und Werte. Deshalb können Religionen oder Kulturen gar nicht als solche zusammenprallen, sondern nur Menschen, die ihren Glauben oder ihre politischen Ziele u. Ä. in bestimmten Weisen definieren.

Menschen aber können sich zu gemeinsamen Handlungen zusammenschließen, auch wenn ihre kulturell geprägten Motive sich unterscheiden. Sie können auch in kreativer Weise Impulse aus verschiedenen Traditionen neu zusammenfügen; sie können neue Gemeinsamkeiten entdecken, und sie können sich gerade an solchen Werten orientieren, die nicht als ausschließliches Gut der eigenen Gemeinschaft gedacht werden können. Die Ausbreitung des Christentums in der Spätantike scheint wesentlich auch durch die Bereitschaft der Christen gefördert worden zu sein, nicht nur den anderen Christen, sondern allen Menschen Beistand zu leisten.[6] Über die konkreten Gefahren religiös motivierter politischer – oder politisch motivierter religiöser – Konflikte ist damit nichts gesagt; es ging nur darum, den Gedanken unausweichlicher Zusammenstöße differierender religiöser Traditionen zurückzuweisen.

Der zweite Einwand nimmt eine tatsächliche Lage ernst, nämlich die weitgehende Entchristlichung zum Beispiel Ostdeutschlands, aber auch mancher Großstadt auf dem Gebiet der alten Bundesrepublik. Und doch beschreibt er die Lage wohl nicht genau genug. Noch koexistieren nämlich intakte religiöse Milieus mit weitgehend säkularisierten; noch sprechen unzählige Bauten, Symbole, Ritualisierungen, Normen und Werte von einer religiösen Vergangenheit, die dadurch wieder ins Bewusstsein gehoben werden und zumindest als kulturprägende Kraft rasch kenntlich gemacht werden kann.

Hinzu kommt, dass die religiöse Vitalität von Immigranten teils – als moslemische – eine Herausforderung des säkularisierten Selbstverständnisses darstellt, teils – als christliche – aber auch zur Revitalisierung der christlichen Gemeinschaften beiträgt. Auch folgt aus niedrigen Kirchenbesucherzahlen oder Kirchenmitgliedschaften nicht notwendig, dass alle Menschen ohne solche Betätigung oder Zugehörigkeit sich nicht-religiös verstehen. Gefragt ist also ein Selbstverständnis der Religionen, das in seiner Artikulation sowohl die in einem bestimmten Glauben Geschulten wie diejenigen erreicht, deren Kenntnisse gering sind oder die aus guter Kenntnis heraus sich abgewendet haben.

Zumindest für die beiden letztgenannten Gruppen gilt, was als Bedingung für produktiven interreligiösen Dialog behauptet wurde. Ohne den Bezug des Glaubens und aller Wertbindungen und Weltdeutungen zu konstitutiven Erfahrungen kann keine echte und ehrliche Auseinandersetzung zwischen Gläubigen und Nicht-Gläubigen in Gang kommen. Durch diesen Bezug hindurch aber kann den Nicht-Gläubigen ihre eigene Weltdeutung ebenso transparenter werden, wie der Sinn der Glaubenswahrheiten den Gläubigen neu bewusst gemacht werden kann.

Diese Überlegungen haben einen Aspekt weitgehend beiseite gelassen, nämlich den einer eigentlich politischen Ethik und der Affinitäten zwischen Religionen und spezifisch politischen Werten (etwa der Demokratie). Die Akzentsetzung auf dem im engeren Sinne Religiösen geht auf die Vorsicht zurück, den Religionen überhaupt eine Art inhärenter politischer Ethik zuzusprechen. Wir neigen heute dazu, dem Christentum eine selbstverständliche Neigung zu Demokratie und Menschenrechten zuzuschreiben. Das ist historisch allerdings schwer zu halten. Angemessener wäre es, den historischen Weg nachzuzeichnen, auf dem christliche Begründungen für Demokratie und Menschenrechte entwickelt wurden. Von dieser selbstkritisch-vorsichtigen – und nicht triumphalistischen – Sicht auf die Geschichte des Christentums her ließe sich dann auch eine Brücke zur Suche nach religiösen Begründungen für Demokratie und Menschenrechten in anderen religiösen Traditionen bauen. Damit kommen die religiösen Traditionen in einen interreligiösen Dialog auch über politische Ethik, ohne dass der Dialog darauf reduziert würde.

Es würde auch deutlich, dass es das Ethos von Demokratie und Menschenrechten ist, das diese Vorstellung vom interreligiösen Dialog selbst inspiriert. Wir bleiben dann in unserer Beschäftigung mit diesen Religionen zu dieser Einstellung selbst dann verpflichtet, wenn uns der konkrete Dialogpartner fehlt oder sich uns verweigert. Politisch sollen und dürfen wir religiös motivierte Gegnerschaft gegen Demokratie und Menschenrechte bekämpfen; unsere Wertevermittlung darf aber nicht am Kampf, sondern muss am produktiven Dialog orientiert sein.

Anmerkungen

1 Zum folgenden Verständnis von Religion, Glauben, Werten vgl. Hans Joas: *Braucht der Mensch Religion? Über Erfahrungen der Selbsttranszendenz.* Freiburg 2004. Ders.: *Die Entstehung der Werte.* Frankfurt/Main 1997 und 1999.

2 George Santayana: »Reason in Religion« In: Ders.: *Works*. Band IV. New York 1936. 3–206; S. 4.

3 Wolfgang Huber: »Die jüdisch-christliche Tradition«. In: Hans Joas und Klaus Wiegandt (Hrsg.): *Die kulturellen Werte Europas*. Frankfurt/Main 2005. 69–92.

4 Max Scheler: »Der Mensch im Weltalter des Ausgleichs« (1927) In: ders.: *Späte Schriften*. Gesammelte Werke Band 9. Bern/München 1976. 145–170.

5 Dies scheint mir eine Gemeinsamkeit der Forschungsprogramme Max Webers und der amerikanischen Pragmatisten zu sein.

6 So argumentiert W. G. Runciman: »The Diffusion of Christianity in the Third Century AD as a Case-Study in the Theory of Cultural Selection«. *Archives européennes de sociologie* 45 (2004). 3–21. Einen Überblick über konkurrierende Erklärungen gibt: Christoph Markschies: *Warum hat das Christentum in der Antike überlebt? Ein Beitrag zum Gespräch zwischen Kirchengeschichte und Systematischer Theologie.* Leipzig 2004 (Forum Theologische Literaturzeitung).

HANS LANGENDÖRFER

Der freiheitliche Geist des Christentums

Die Freiheit hat viele Gesichter. Sie weckt Freude und Angst, wird ersehnt und verspielt, ist Stolz und Herausforderung. Die menschliche Person ist frei, Tun und Habitus stehen unter dem Anspruch der Freiheit, und das soziale Leben soll eine freiheitliche Form finden. Die Sehnsucht nach Freiheit entbindet politische Kraft und ermöglicht radikalen Wandel, wie die Erfahrung Europas und Deutschlands bis in diese Tage zeigt. Dem Gewinn politischer und wirtschaftlicher Freiheit folgen dann die großen Fragen einer gerechten und zukunftsfähigen Welt- und Wirtschaftsordnung auf dem Fuß. Zugleich stoßen freie Gesellschaften auf das Erfordernis, berechtigte Grenzen der Freiheit zu markieren, ohne welche die Gesellschaft erodiert. In diese Richtung weisen zum Beispiel die aktuellen Debatten über Integration und kulturelle Vielfalt.

In Deutschland markieren erhebliche Veränderungen der Lebensgewohnheiten, besonders im Bereich der zwischenmenschlichen Bindungen, nicht wenige Probleme der Freiheit. Gewalt und Destruktivität sind bedrängender geworden. Die Zahl so genannter Zivilisationskrankheiten ist sprunghaft gestiegen, die mit den Zumutungen zusammenhängen, welche die Freiheit an die persönliche Lebensführung stellt. Manche sprechen zugespitzt von einer »Kultur des Todes«, welche die

Kehrseite der Kultur der Freiheit sei und sich in vielen Bedrohungen des menschlichen Lebens in seinen vielen Phasen zeige, angefangen vom vorgeburtlichen Leben bis hin zur Situation der Kranken, Alten und Hochbetagten.

Freiheit ist auch ein Thema der religiösen, konkret der christlichen Orientierung von Menschen, deren Entwicklung gegenwärtig manche Ambivalenzen zeigt. Einesteils scheint es eine Art »Rückkehr« der Religion im Sinne einer Erstarkung ihrer Präsenz auch in Deutschland zu geben. Die Beispiele sind zahlreich und sehr verschieden. So haben bewegende Bilder aus dem Vatikan im letzten Jahr die innere Erfüllung und Freiheit ahnen lassen, die der christliche Glaube möglich macht – was auch für die ungebrochen positive Ausstrahlung des Weltjugendtags in Köln gilt.

Dennoch machen die Kirchen in Deutschland auch ganz andersartige Erfahrungen. Sie erleben die Ausprägung einer größeren Vielfalt religiöser Orientierungen und den Rückgang von Bindungen an die Institution Kirche und deren verbindliche Vorgaben. Sie müssen manchen Traditionsabbruch erkennen, darunter das Schwinden von Kenntnissen christlicher Symbole und Auffassungen. Es gibt keineswegs nur die positive Erfahrung einer religiösen Ansprechbarkeit der Menschen und ihrer Neugier auf christliche Überlieferungen. Diese Neugier ist freilich, wo sie sich artikuliert, von den alten Vorwürfen und Ressentiments der Religionskritik zumeist nicht mehr belastet. Sie äußert sich sogar in der Erwartung, die Kirchen könnten Sachwalter der Humanität sein, Garanten einer Kultur des Respekts, den jeder Mensch verdient, und Mittler einer zukunftsfähigen Lebensausrichtung.

In dieser ambivalenten Situation einer »postsäkularen Gesellschaft« (Jürgen Habermas), in der die Freiheit Errungenschaft und Bürde ist, wird der christliche Glaube nachdrücklich auf seine freiheitsbegründende und freiheitsfördernde Bedeutung für den Einzelnen und den gesellschaftlichen Zusammenhalt angesprochen.

Die zentrale Stellung der Freiheit im christlichen Glauben

Im Neuen Testament der Bibel verkündet der Apostel Paulus in seinem Brief an die Galater: »Zur Freiheit hat uns Christus befreit.« (Gal 5, 1) Damit unterläuft er zunächst die ethische Dimension und berührt die theologische Anthropologie. Er denkt an das Todesschicksal aller, an die »Macht des Todes«, der alles unterworfen ist, solange der Tod gegenüber dem Leben das letzte Wort hat. Die Freiheit, von der Paulus spricht, gründet in der Überwindung der Machtstellung des Todes dadurch, dass sich Gott in Jesus von Nazareth, der am Kreuz starb und an Ostern auferweckt wurde, als der Gott des Lebens offenbarte, der den Menschen Anteil an seinem eigenen Leben gibt. Deshalb ist nach christlicher Überzeugung die Freiheit des Menschen in ihrer ontologischen Tiefendimension unlösbar an die Person Jesu Christi gebunden. Sie ist das große Geschenk Gottes an den Menschen: eine Freiheit, die von Gott stammt, den Menschen der Vergänglichkeit entreißt und ihm die Angst davor nehmen kann, dass er wehrlos der Macht destruktiver Kräfte und dem Scheitern noch der größten und treuesten Liebe anderer Menschen überantwortet sei und notwendig in den Abgrund einer letzten Sinnlosigkeit falle.

Es ist die Freiheit, die im Vertrauen auf den Gott einer unbesiegbaren, wirksamen Liebe grundlegend Gestalt gewinnt. Sie befähigt, ein Mensch zu werden, der Menschen lieben kann: empfindsam für ihre Nöte, bereit zur Hingabe der eigenen Kräfte, resistent gegenüber allem Widrigen, das zu beirren versucht. Paulus begründet in einem wirkungsgeschichtlich zentralen Dokument, seinem Brief an die Römer, die Freiheit des Menschen durch die existenzielle Bindung an den auferstanden Jesus Christus, den Sieger über die Macht des Todes, die in der Taufe grundgelegt ist. Die Taufe gibt Anteil am bleibenden Leben, das Christus in seiner Auferstehung geschenkt wurde: nicht wegen eigener Kraftanstrengung des Menschen, sondern dank Gottes freier Liebe und Gnade. »Weder Tod noch Leben, weder Engel noch Mächte, weder Gegenwärtiges noch Zukünftiges, weder Gewalten der Höhe oder Tiefe noch irgendeine Kreatur können uns scheiden von der Liebe Gottes, die in Christus Jesus ist, unserem Herrn.« (Röm 8, 38)

Die Konsequenzen sind in der christlichen Botschaft klar und deutlich: »Ihr seid zur Freiheit berufen.« (Gal 5, 13) Das Christentum verkörpert die Religion einer Freiheit, die aus der Liebe Gottes kommt und die frei macht zur Liebe. Diese zentralen Aussagen bedürfen der theologischen Erschließung und der Vermittlung mit den Grundlagen und Argumentationsverfahren einer normativen Ethik. Es wäre auch zu zeigen, wie Paulus seine starke Hervorhebung der Freiheit mit der Rücksicht auf die Freiheit der anderen und damit die Organisation sozialer Kohärenz unter dem Primat der Liebe verbindet. Dies ist hier nicht zu leisten, wohl aber lassen sich die philosophisch-theologische Begründung und die konkrete gesellschaftliche Applikation skizzieren.

Das Profil des christlichen Freiheitsverständnisses

Ungebundene Willkür ist nicht das, wozu die »berufen« sind, von denen Paulus spricht. Er spricht von einer Freiheit, die Gottes Liebe entstammt und infolge dessen unter dem Anspruch der Liebe steht. Es geht um ein Ethos der Hingabe, das zum Ziel hat, Gott selbst und die anderen Menschen als ihrerseits Freie im eigenen Handeln anzuerkennen. Der Freiheit anderer wird praktisch gerecht, wer ihre Freiheit und Liebe durch die eigene Liebe zu stärken versucht. Menschen bewahren und bewähren ihre Freiheit, wenn sie die Bejahung und Liebe anderer zur Logik ihres Handelns machen. Vorbild dafür ist Jesus selbst, der die Seinen liebte »bis zur Vollendung«. (Joh 13, 1) Das Neue Testament präsentiert Jesus als jemanden, der Menschen aufzurichten, freizumachen und zu heilen wusste und der Barmherzigkeit und neue Chancen auch für die wollte, die durch Sünde ethisch ins Abseits geraten waren. Insofern hat der christliche Freiheitsbegriff einen bestimmten Handlungsimpuls zum Inhalt. Freiheit entstammt der Bindung Gottes an den Menschen und hat ihre Erfüllung in der Bindung des Menschen an Gott und Menschen.

Die Geschichte des Christentums gilt auch als eine Geschichte der unangemessenen Versagung von Freiheit im Namen des Glaubens und durch das Wirken der Kirche. Dafür gibt es viele Gründe, und davon existieren viele Formen, im Binnenraum der Kirche wie im Bereich ihres Wirkens in der Welt, auch ihres Umgangs mit anders oder nicht Gläubigen. Damit hängt zusammen, dass sich die Idee der Freiheit als Grundmotiv der Anthropologie und Ethik, die Freiheitlichkeit als Merkmal der staatlichen und überstaatlichen Verfassung wie auch des öffentlichen Lebens, im Einzelnen auch unter programmatischer oder faktischer Loslösung von Christentum, Glauben und Kirche entwickelt hat. Dass aber das Christentum dessen ungeachtet die Religion der Freiheit ist und einem inhaltlich geprägten Freiheitsverständnis folgt, kann keinem ernsten Zweifel unterliegen.

Das Freiheitsverständnis im Widerstreit konkurrierender Auslegungen

Hinzu kommt ein enges Geflecht von Bezügen zwischen Theologie und Kirchen einerseits und andererseits der Philosophie, politischen Theorie sowie der Individual- und Sozialethik in Europa und anderen Teilen der westlichen Welt. Dem christlichen Denken war auch im Bereich säkularer Ideen- und Theoriebildung nicht zu entkommen. Ihre Spuren hat diese (auch) christliche Grundierung der europäischen Ideenwelt in der Freiheitsphilosophie und Freiheitsethik hinterlassen, die bis in die Gegenwart das private und öffentliche Leben der Menschen bestimmen und die »westliche« Kultur der Freiheit beeinflussen. Als Beispiel aus der jüngeren Theoriebildung kann der gegenseitige Bezug von Transzendentalphilosophie und -theologie dienen. In Bezug auf die Freiheit zeigt er sich darin, dass philosophisch wie theologisch die Freiheit als Bedingung der Möglichkeit und – in der Selbstbindung an die Entfaltung der Freiheit der anderen Menschen – als Inhalt des ethisch Richtigen angesehen wird.

Allerdings ist, wie schon angedeutet wurde, gegenwärtig weithin ein Verständnis der Freiheit sehr bestimmend, das die Bindung der Freiheit an die Freiheit der anderen Menschen – also die Idee, die Freiheit finde eine Erfüllung darin, dass sie zum Wohl der anderen wirkt – weitgehend aufgegeben hat und tendenziell die Freiheit eingeengt bloß als Wahlfreiheit zwischen gleich gültigen Gütern und Werten betrachtet, die dann nur nach Maßgabe einer persönlichen Vorzugsordnung zu wägen sind. Dies ist eine Ethik der Abwägung von Gütern, von Vor- und Nachteilen, ohne dass eine Vorzugs- oder Güterordnung, gebunden an einen Verpflichtungsgrund, vorgegeben wäre. Es ist dann nicht auszuschließen, dass selbst gewichtige (nicht bloß religiös, sondern auch säkular erschließbare) Ziele, die von größter Plausibilität sind, wie vor allem die Wahrung der Menschenwürde und der Menschenrechte, nicht als Träger unbedingter Geltungsansprüche anerkannt werden, die keine Ausnahme dulden. Zwei Typen dieses Denkens mögen als Beispiele dienen.

Die Übersteigerung des instrumentellen Denkens: Sie setzt ganz auf die instrumentelle Vernunft und ihre Logik der Bemächtigung. Lange vor seiner Wahl zum Papst hat Joseph Ratzinger diesbezüglich von »Pathologien« der Vernunft gesprochen und dabei Entwicklungen in der Biomedizin, vor allem der Forschung am menschlichen Genom, als Beispiel genommen. Die Logik der Bemächtigung zielt auf eine Unterwerfung des Vorgegebenen durch den Menschen, der nach eigenen Plänen und Wertungen neu gestalten bzw. schaffen können will. Dieser Logik fehlt vor allem die Anerkennung des anderen als solches: der Respekt vor dem, was nicht geändert werden kann und soll und auch nicht geändert werden können soll. Es fehlt, zugespitzt formuliert, ein Verständnis menschlicher Freiheit als Freiheit, die in der Verantwortung zur Förderung der Freiheit anderer steht.

Natürlich ist keinem durch eine voreilige Kritik der instrumentellen Rationalität geholfen, die gerade im Zeitalter fortgeschrittener Technologien nicht verzichtbar ist. Noch ist es richtig, die Komplexität von Zielkonflikten und Vorzugsentscheidungen in Politik, Wirtschaft oder Wissenschaft zu überspielen. Mit einer Übersteigerung aber des Instrumentellen ist auch keinem geholfen. Der Freiheitsbegriff des Christentums rückt die Anerkennung der anderen Person in den Mittelpunkt und verlangt ihr gegenüber Respekt.

Sodann ist eine Entleerung des Freiheitsverständnisses zu kritisieren, die in einer Verwässerung oder Auflösung inhaltlicher Ansprüche besteht, an welche die Freiheit gebunden ist. Studien zur Werteorientierung in Deutschland und Europa wie auch vielfache Alltagsbeobachtungen zeigen eine Idee von Freiheit, wonach diese im Wesentlichen als Ungebundenheit und als Freiheit zur »autonomen« Festlegung von Zielen und Wegen des Handelns zu verstehen ist. Das Ideal dieser Freiheit ist ein Maximum von in sich gleich gültigen Optionen. Das fügt sich in die Dynamik eines »beschleunigten« Lebens, dessen »Konstanten« Flexibilität, Mobilität und kontinuierlicher Wandel sind.

In Theorie und Praxis steht diese Dynamik oft quer zu Prozessen des Wachsens, Reifens und der Bewährung. Freiheit, die – zugespitzt formuliert – ihre Erfüllung darin findet, viele Möglichkeiten zu haben und zu verwirklichen, Festlegungen zu vermeiden und möglichst viel revidieren zu können, ist wenig vereinbar mit der Idee der Verantwortung gegenüber anderen Personen, der Bindung an sie und der Treue auch in schwierigen Zeiten. Diese Freiheit überbetont die Kontingenz, Zufälligkeit und Wandelbarkeit von (fast) allem und verabsolutiert das Experimentelle des Lebens. Sie könnte auf eine Freiheit des »anything goes« zulaufen, deren Korrelat beliebige Moden in beliebigen Zyklen sind und die besonders monetär gemessen werden könnte: in den Möglichkeiten, die materielles Vermögen bietet.

Konkretisierungen

Ob und wie der freiheitliche Geist des Christentums an eine Ontologie, an die Einsicht in natürliche Vorgaben oder ein Naturrecht gebunden ist, das als Vernunftrecht rekonstruiert wird, ist umstritten und hier nicht zu klären. Gefragt werden muss nach einer diskursfähigen Güter- und Werteordnung, an der sich die Freiheit als personale Verantwortung bewähren soll. Doch sind auch ohne sie einige Konkretionen des freiheitsfördernden Beitrags des Christentums auszumachen, wie er für die Gegenwartsgesellschaft wichtig ist.

Auf der Ebene der persönlichen Lebensführung wirkt der christliche Glaube gerade heute dadurch freiheitsfördernd, dass er Menschen freimacht (oder jedenfalls freier macht) von einem aufdiktierten Zwang zu Erfolg und anderer Anerkennung, von einer zwanghaft gesteigerten Fixierung auf die eigenen Kräfte und Leistungen wie auch von der Verzweiflung in Anbetracht der eigenen Grenzen, insbesondere in der Krankheit und Schwäche. Keiner ist letztlich seines Schicksals eigener Schmied – und muss es nicht sein. Gott sei Dank. Sonst wäre Scheitern unausweichlich. Glaube macht frei von den Mächten und Gewalten.

Komplementär und nicht im Widerspruch dazu leben im christlichen Freiheitsverständnis eine hohe Wertschätzung des Menschen und ein Optimismus hinsichtlich der Möglichkeiten, die es gibt, wenn die Mächte und Gewalten den Menschen an seinem Tun nicht länger lähmen.

Eine aktivierende Kraft des christlichen Geistes schlägt sich zum Beispiel im kirchlichen Erziehungswesen, in der Beratung von Menschen in Konfliktlagen und auf vielen Feldern des karitativen Engagements nieder. Kirchlichen Einrichtungen wird oft bescheinigt, sie würden nachdrücklich und nachhaltig den Menschen, Schüler, Klienten oder Patienten in den Mittelpunkt stellen. In den kirchlichen Schulen bedeutet dies: In einer Zeit, in der allgemein das Orientierungswissen zugunsten des anwendungsbezogenen und technischen Wissens in den Hintergrund gerät, versuchen die kirchlichen Schulen, einen breiter angelegten Freiheitsbegriff zur Geltung zu bringen – auch übrigens im und durch den Religionsunterricht.

Auf der Ebene sozialethischer Orientierung ist mit der katholischen Soziallehre und entsprechendem Denken auf der evangelischen Seite nicht nur allgemein das Postulat nach sozialem Ausgleich als Korrektiv übersteigert wettbewerblicher Organisation der Wirtschaft verbunden. Konkret bringen die Kirchen seit Jahren den Gedanken gerechter Partizipationschancen zur Geltung, wozu Fragen des Arbeitsmarktes, der sozialen Absicherung oder der Migrationspolitik Beispiele sind. Dass Freiheit auf das Wohl aller Menschen verpflichtet ist und Exklusionen nicht zulässt, ist ein wichtiger Grundgedanke christlicher, freiheitlicher Positionierung in der Politik, der im übrigen manchen Sprengstoff in sich trägt.

In den Bereich der Kulturpolitik gehört das Engagement der Kirchen für eine Medienwelt und -politik, die gerade die elektronischen Medien auch als Kulturmedium begreifen und einer einseitig wirtschaftlichen Betrachtung, wonach Medien vor allem eine Geschäftsaktivität sind, wie auch einer inhaltlichen Anspruchsarmut entgegentreten. Medien sind stärker als je Miterzieher von Kindern und Jugendlichen. Sie haben Einfluss auf deren Verständnis von gutem Leben und menschlicher Freiheit einschließlich der Möglichkeiten zu Liebe, Verzicht und Selbsthingabe. Ein Christentum, das freiheitlichen Geist stärken will, sollte in Ausübung seiner kritisch-konstruktiven Zeitgenossenschaft im Maß des Möglichen auch durch eigene Medienaktivitäten tätig werden.

Auf der Ebene der Rechtspolitik wird im kirchlichen Bereich für Konzepte geworben, die zum Beispiel in der Familienpolitik nicht primär die formale Gleichstellung aller möglichen (nach dem oben beschriebenen Freiheitsverständnis gleich gültigen) Lebensentwürfe verfolgen, sondern der (auf Dauer angelegten) Ehe (von Mann und Frau) und Familie eine besondere Förderung geben. Daran zeigen sich ein Begriff der Toleranz und ein Verständnis von Nichtdiskriminierung, denen nicht die Inhalte abhanden kommen. Ein anderes Beispiel: Am Lebensanfang und am Lebensende sind Menschen besonders gefährdet. Eine freiheitliche Gesellschaft ist in die Pflicht genommen, die jeweils Schwächeren besonders wirksam gegen Übergriffe zu schützen. Dass dabei der autonomen Selbstbestimmung aus Gründen des Respekts vor der Freiheit unter Umständen auch rechtlich Grenzen zu ziehen sind, zeigen die Debatte um die aktive Sterbehilfe und deren Ablehnung durch die Kirchen.

Freiheit steht in einem engen Bezug zum Christentum. Das Verständnis von Freiheit ist für die persönliche und soziale Ethik und in der Welt des Rechts von grundlegender Bedeutung. Der christliche Glaube enthält ein inhaltliches, nicht bloß formales Freiheitsverständnis. Am Bezug auf dieses Verständnis entscheidet sich entsprechend auch die Angemessenheit vieler Teile der kirchlichen Praxis. Andererseits ist die kritische Prüfung der gegenwärtig geltenden Freiheitsvorstellungen ein nicht geringer Beitrag der Kirchen zu den offenen Fragen der Gesellschaft, der offensichtlich bei vielen auch eine Neugier auf den Glauben weckt.

WOLFGANG HUBER

Renaissance des Glaubens

Zwei Zeitdiagnosen kann man gegenwärtig hören. Die eine Diagnose heißt: Säkularisierung. Sie wird im Blick auf Mitteleuropa ausgesprochen, aber manchmal auch unzulässig verallgemeinert. Denn in einer globalen Perspektive kann man nicht von einem Rückgang der Bedeutung von Religion sprechen; vielmehr muss man von einer wachsenden Resonanz aller großen Weltreligionen ausgehen. Aber im Blick auf bestimmte Regionen, zu denen nicht nur die Mitte Europas, sondern beispielsweise auch Australien und Neuseeland gehören, kann man nicht bestreiten, dass sie in den letzten Jahrzehnten durch eine Erosion der Bedeutung von Religion für das persönliche Leben wie für das gesellschaftliche Zusammenleben geprägt waren. In Deutschland haben wir diesen Prozess verstärkt erlebt. Denn als er im Westen Deutschlands auf seinem Höhepunkt angelangt war, verknüpfte er sich infolge der Wiedervereinigung zugleich mit den Folgen der Entkirchlichung im Osten Deutschlands.

Die andere Diagnose heißt: Wiederkehr der Religion. Sie wird in erster Linie aus globalen Entwicklungen abgelesen, aber auch auf die Situation in Deutschland angewandt. Auch in der deutschen Gesellschaft deuten sich gegenwärtig Verschiebungen an. Es gibt eine Wiederkehr der Religion. Aber sie wirkt sich keineswegs automatisch in einer verstärkten Zuwendung zum christlichen Glauben aus. Menschen verstehen sich wieder als religiös. Aber Klarheit darüber, was sie damit meinen, suchen sie oft nicht in den Kirchen.

Säkularisierung

Die Diagnose, wir seien Zeugen einer weit fortgeschrittenen und weiter fortschreitenden Säkularisierung, ist oft zu hören. Doch sie ist bei weitem nicht so klar, wie sie klingt. Denn schon der Begriff der Säkularisierung steckt voller Ambivalenzen. Sein Gebrauch ist so weit gespannt, dass es ihm oft an klaren Konturen fehlt.

Selten kennt man den Ursprung eines Wortes so genau wie in diesem Fall. Er liegt in den Verhandlungen, die mit dem Westfälischen Frieden, dem Frieden von Münster und Osnabrück besiegelt wurden. Am 8. Mai 1646 nimmt der Herzog von Longueville, der französische Ambassadeur bei den Friedensverhandlungen in Münster, das Wort. In seinem Vortrag fällt zum ersten Mal der Ausdruck »säkularisieren«. Bis dahin meinte *saecularisatio* den Übergang eines Mönchs in den Stand des Weltpriesters, seinen Wechsel vom *status regularis* in den *status saecularis*. Nun erklärte der Herzog von Longueville, die katholischen Mächte könnten hinsichtlich geistlicher Güter, die der katholischen Kirche entzogen – *secularisiret* – würden, keinen *ewigen* Vergleich ohne ausdrückliche Zustimmung des Papstes abschließen. Die Aufhebung geistlicher Fürstentümer und die Einziehung von Kirchengut durch protestantische Reichsstände war also das Thema.

Ähnlich war es bei der großen Säkularisation der Jahre 1802/03. Dabei bezeichnete seit dem Reichsdeputationshauptschluss vom 25. Februar 1803 Säkularisation nicht nur die Überführung von Gütern, sondern auch von Regentenfunktionen in weltliche Hände. Beides traf vor allem die katholischen Stände und Bistümer. Die durch den Reichsdeputationshauptschluss vollzogene Säkularisierung führte folgerichtig das Ende des Heiligen Römischen Reiches herbei, das im Jahr 1806 besiegelt wurde.

Säkularisierung meint im Gefolge dieser Vorgänge zunächst eine Veränderung der politischen Ordnung. Geistliche Fürstentümer gehören der Vergangenheit an; die Staatsangehörigkeit wird nicht mehr durch die Konfessionszugehörigkeit bestimmt; die Religionsfreiheit gilt für alle in gleicher Weise. Diese Veränderung der politischen Ordnung hat zu einer aufgeklärten Säkularität geführt, die man heute auch aus Gründen des christlichen Glaubens aktiv vertreten und verfechten muss. Denn diese aufgeklärte Säkularität und die mit ihr verbundene kategoriale Unterscheidung zwischen Staat und Religion hat sich als unumgängliche Voraussetzung für die Achtung der gleichen Würde jedes Menschen wie für die Wahrung der Religionsfreiheit erwiesen.

Häufig ist allerdings von einer Säkularisierung in einem viel weiteren und unbestimmteren Sinn die Rede. Es wird von einer *Säkularisierung der Gesellschaft* gesprochen, die mit einem rasanten Bedeutungsverlust der Kirchen verbunden sei. In diesem Sinne ist *Säkularisierung* immer wieder zu einem Synonym für die Zukunftslosigkeit des christlichen Glaubens geworden. Er habe, so wird gesagt, keine Zukunft, weil die Menschen nicht nach ihm fragen.

Es gibt eine Betrachtungsweise, die einen solchen Vorgang deshalb mit Gelassenheit sieht, weil dank einer *Umbesetzung* (Hans Blumenberg) die Gehalte des christlichen Glaubens gleichwohl aufbewahrt werden. Diese Betrachtungsweise versteht unter Säkularisierung vor allem die Umdeutung christlicher Gehalte zu Themen weltlicher Verständigung.

Genau dieser Vorgang ist nun allerdings am allerwenigsten dazu geeignet, aus der Säkularisierung auf eine Zukunftslosigkeit des christlichen Glaubens zu schließen. Dass Gehalte des christlichen Glaubens weltliche Entsprechungen finden, kann vielmehr gerade ein Hinweis auf deren nicht abgegoltene Kraft sein. Dass die Gottebenbildlichkeit des Menschen in der Vorstellung einer unantastbaren Würde oder die Verheißung einer Gemeinschaft, in der nicht Jude noch Grieche, nicht Mann noch Frau ist, im Gedanken einer *herrschaftsfreien Kommunikationsgemeinschaft* wiederkehren, lässt gerade nicht auf die Schwäche der Ursprungsmotive schließen. Sie müssen allerdings immer wieder in ihrem ursprünglichen, jede Säkularisierung überschreitenden Gehalt erkennbar gemacht werden. *Gott lässt sich nicht säkularisieren*, hat der Theologe Christof Gestrich zu Recht in diesem Zusammenhang festgestellt. Deshalb ist es ein Trugschluss, wenn die Kirche selbst auf die Säkularisierung der ihr anvertrauten Glaubensgehalte mit einer Selbstsäkularisierung antwortet, statt unter der Asche der Säkularisierung die Glut der ursprünglichen Glaubensmotive freizulegen.

Es lässt sich also festhalten: Die Säkularisierung der politischen Ordnung ist eine Bedingung der Freiheit, auch der Religionsfreiheit. Diese Säkularisierung entspricht einem Motiv des christlichen Glaubens selbst: dem Respekt vor der gleichen Freiheit jedes Menschen. Die Säkularisierung im Sinn einer Transformation von Gehalten des Glaubens in Themen weltlicher Verständigung entzieht dem Glauben keineswegs seine Wahrheitskraft, sondern bezeugt sie. Sie sollte zum Anlass genommen werden, das für die Entschlüsselung solcher Vorgänge nötige

Glaubenswissen wieder zum Bewusstsein zu bringen. Diese Art der Säkularisierung stellt also eine große Herausforderung wie eine große Chance christlicher Bildungsanstrengungen dar.

Wiederkehr der Religion

Andererseits steht die Begegnung mit der Religion wieder auf der Tagesordnung. Insbesondere die herausgehobenen religiösen Ereignisse des Jahres 2005 sprechen eine eigene Sprache. Beispielhaft sei an das große Interesse, das der Wechsel im Papstamt, aber auch der Weltjugendtag im Bereich der römisch-katholischen Kirche geweckt haben, erinnert, genauso wie an den Deutschen Evangelischen Kirchentag in Hannover mit den prägenden Bildern vor allem seines Eröffnungsabends oder an das ungeheure Echo, das die Einweihung der Frauenkirche in Dresden gefunden hat. Sie alle zeigen: Menschen fragen wieder weiter. Auch in unseren Breiten nehmen sie sich wieder als die selbsttranszendenten Wesen wahr, die sie sind. Religiöse Interessen werden lebendig. Kirche wird wieder gefragt. Schon wird von einer Renaissance des Glaubens gesprochen. Aber die Religion ist nicht mehr nur die Angelegenheit der christlichen Kirchen, sondern begegnet in vielen individualisierten und privatisierten Formen. Viele Menschen sind fasziniert von der Esoterik mit ihrer bunten Mélange von Lebensbewältigungs- und Welterklärungsmodellen. Es gibt kaum einen kulturellen oder gesellschaftlichen Bereich, in dem man nicht Zeichen für eine Wiederkehr des Religiösen beobachten kann.

Gemessen an gängigen Urteilen ist das selbst schon eine Sensation. Über Jahrzehnte war es in unserer Gesellschaft eine Art *säkularer Glaubenssatz*, dass Glaube und Religion ihre Zeit gehabt hätten. Die Abgesänge auf das Christentum und auf die Religionen insgesamt waren nicht zu überhören.

Ob man nun an den neuzeitlichen Fortschrittsoptimismus mit seiner These denkt, mit der Zeit würden Gott und Glauben schlicht überflüssig werden, oder an den Anspruch der Wissenschaften, die Welt auch ohne die Hypothese *Gott* erklären zu können: inzwischen ist die Fraglichkeit der einen wie der anderen Position offenkundig geworden. Ob man sich an die Utopie einer klassenlosen Gesellschaft erinnert und an die Voraussage, die Religion als *Opium des Volkes* werde sich von allein erledigen, wenn denn nur die Verhältnisse gerecht geworden seien, oder ob man an die pseudowissenschaftlich-darwinistische Weltanschauung der Nazi-Zeit denkt mit ihrem Ziel, nicht nur das Judentum auszurotten, sondern auch den schwächlichen Geist des Christentums: Solche totalitären Ideologien haben sich selbst widerlegt. Auf andere Weise ist es auch um die Großerzählung des Projektes Aufklärung still geworden; denn auch eine sich selbst überlassene Vernunft, eine ohne Wertebindung existierende Rationalität überschreitet die Grenzen ihrer Zuständigkeit, wenn sie sich selbst absolut setzt.

Aber zugleich ist richtig: Der christliche Glaube hat gerade in der europäischen Entwicklung der letzten zwei Jahrhunderte seine Selbstverständlichkeit eingebüßt. Zwar wird inzwischen wieder verstärkt nach der Verwurzelung unserer Kultur in der jüdisch-christlichen Tradition gefragt. Aber dazu, diese Verwurzelung in einer europäischen Verfassung auch ausdrücklich zur Sprache zu bringen, sind wir noch nicht im Stande. Zwar merken wir, dass menschliche Verantwortung ihre Grenzen anerkennen muss und deshalb Verantwortung vor Gott und den Menschen ist. Aber in der Präambel einer europäischen Verfassung hat das noch keinen Platz.

Aber es entsteht heute ein neues Gespür dafür, dass ein komplett diesseitiges, rein wirtschaftstaumeliges und radikal konsumzentriertes Leben zu banal, zu äußerlich und zu oberflächlich ist. Je unerbittlicher die europäische Welt auf die globalisierte Wirtschaft ausgerichtet wird, je strikter Markt und Finanzkraft, Lohnnebenkosten und Konkurrenzkampf das Leben aller bestimmen sollen, desto stärker wird nach Gegenkräften gefragt. Die meisten spüren, dass Konsum allein nicht Halt gibt, dass Wirtschaft allein nicht Sinn schenkt, dass Funktionieren allein nicht Bedeutung verleiht. Mit der Rückkehr der Religion rebelliert die Seele der Menschen gegen ihre kommerzielle Reduktion.

Unverkennbar ist die Spagatsituation, in die die Kirchen dadurch geraten. Während ihre faktischen Handlungsmöglichkeiten zurückgehen, weil ihre finanziellen Spielräume enger werden, wächst zugleich die Nachfrage nach der geistlichen Orientierung, die von ihnen ausgeht. Die Kirchen und Gemeinden müssen darauf antworten mit der Konzentration auf das, was allein sie vertreten können: die Orientierung an der Wirklichkeit Gottes. Entwickeln wir Zutrauen zu den neuen und überraschenden Wegen, auf denen das geschieht.

In den Kirchen bedarf es eines noch stärkeren Bewusstseins dafür, dass das Vertrauen in ihre Kernkompetenz belebt und verstärkt werden muss: nämlich ein Raum für das Heilige zu sein, die Fähigkeit zu Glauben und Gebet zu erneuern, Menschen in der Mitte wie an den Grenzen ihres Lebens beizustehen. In evangelischer Perspektive muss sich das mit der Offenheit für Freiheit und Mündigkeit, für Säkularität und Wissenschaft verbinden. Das schließt die Einsicht in das gerade heute notwendige Grenzbewusstsein ein, also das Bewusstsein dafür, wo den menschlichen Bemächtigungsversuchen Grenzen gesetzt sind. Das eine Licht Jesu Christi soll auch gesehen und bezeugt werden in einer diesseitig gewordenen, wissenschafts-, wirtschafts- und machbarkeitsorientierten Welt, die die Sinnressourcen, die sie braucht, selbst nicht herzustellen vermag. Evangelisches Christsein ist in meinen Augen der stellvertretende Weg, einen aufgeklärten Glauben unter den Bedingungen der modernen Welt zu bezeugen.

II.
Orientierung im Wandel

HERMANN LÜBBE

Werte modern – alltäglich und feiertäglich

Werte sind Messgrößen für schwankende Zustände elementarer Lebenstatsachen. So will es der Alltagsgebrauch, den wir vom Worte »Wert« machen. Vermessungsergebnisse im Kontext medizinischer Diagnostik zum Beispiel schlagen sich als Werte in Zahlengestalt nieder. Für die vielfältig genutzten Resultate weltweit institutionalisierter meteorologischer Beobachtungen gilt dasselbe. Jede Tafelwasserflasche registriert auf ihrem Label in einer Wertetabelle lebenswichtige Spurenelemente. Jeder Nutzer eines technischen Aggregats vom Pkw bis zur Ölheizung ist geübt, die Anzeigetafeln zu lesen, auf denen in Warnfarben die Höchstwerte markiert sind, die nach Temperatur, Druck oder Rotation nicht überschritten werden dürfen. Ökologisch relevante Werte aus der Abschätzung von Artenbeständen oder auch aus der Ozeanographie oder Glaziologie sind heute jedem aufmerksamen Mittelklässler geläufig. Der Anteil der Bürger wächst, die Anlass haben, als Medienkonsumenten auch Wirtschaftsberichte, ja Börseninformationen zu beachten. Das Auf der Ab der Werte ist ihnen entsprechend geläufig.

Ersichtlich handelt es sich bei dem exemplarisch genannten, uns alltagspraktisch vertrauten Werten nicht um Marginalitäten. Es handelt sich vielmehr um Bestände von fundamentaler lebenspraktischer Bedeutung. Individuell oder auch kollektiv begründen sie Besorgnis oder Zuversicht, erzwingen Entscheidungen, Tätigkeiten oder Verzichte. Noch vor einem Vierteljahrhundert bot studentisches Interesse für Fragen der Altersversorgung Anlass zum Spott über eine befremdliche Lebensaltersinadäquatheit. Inzwischen haben die Verlaufswerte der demographischen Statistik zur politischen Evidenz gebracht, dass die Rentensicherheit betroffenheitsabhängig in erster Linie tatsächlich nicht mehr die heutigen Alten, vielmehr die jungen Leute zu beschäftigen hat.

Werte also sind bewegliche Größen – beruhigend schwankend um Mittelwerte oder besorgniserregend in ihren Extremen. So erregen sie aus gutem Grund alltäglich unser Interesse, und dagegen kontrastiert nun der anspruchsvolle Auftritt der Werte im modernen Feiertagsgebrauch. In diesem Gebrauch, so scheint es, sind doch Werte gerade nicht steigende oder fallende Größen, vielmehr verpflichtende Ansprüche von Dauergeltung. Als »Grundwerte« haben sie Verfassungsrang. Parteiprogramme bekennen sich zu ihnen markant an erster oder auch an letzter Stelle. Die Europäische Union sei doch eben nicht nur eine supranational organisierte Freihandelszone und ein Großmarkt von kontinentaler Weite, vielmehr eine Wertegemeinschaft – das ist zur rhetorisch anspruchsvollsten Bekundung des Sinns der europäischen Einigung wider sich ausbreitende Zweifel an diesem Sinn geworden. In der Charta der Grundrechte der Union, die als Teil II in die vorerst gescheiterte Verfassung für Europa hätte aufgenommen werden sollen, werden die fraglichen Werte detailliert benannt – vom universellen »Recht auf Leben« über das »Verbot des reproduktiven Klonens von Menschen« bis zum Recht der Kinder, »ihre Meinung frei äußern« zu dürfen.

Der Bedeutungswandel des Wortes »Wert«

Orientierungsgrößen in Präambeln, Verfassungen und Manifesten einerseits und Ergebnisse der Vermessung dynamischer biotischer oder auch ökonomischer Systeme andererseits – beides also nennen wir im aktuellen Sprachgebrauch »Werte«. Das ist überraschend, nämlich im Blick auf das »geistig-religiöse und sittliche Erbe«, auf das sich die Präambel des Entwurfs der »Verfassung für Europa« bezieht, um daraus jene »unteilbaren und universellen Werte« zu gewinnen, die vom Verbot des »Menschenhandels« bis zum Recht eines jeden Menschen auf »Zugang zu einem unentgeltlichen Arbeitsvermittlungsdienst« mit Verfassungsrang hätten europaweit verbindlich werden sollen.

Das ist deswegen überraschend, weil im angerufenen, »geistig-religiösen und sittlichen Erbe« Europas der Wertbegriff gar nicht vorkommt. »Werte« sind in der alt-europäischen Überlieferung weder ein Thema der Ethik noch der Politik, und in den kanonisch gewordenen Texten unserer Religion ist von »Werten« einschließlich der lateinischen oder griechischen Äquivalente dieses Wortes ohnehin nicht die Rede. Der Wertbegriff hat vielmehr seinen klassischen Ort in der Ökonomie – also im dritten Teil des Corpus der traditionellen europäischen praktischen Philosophie aristotelischer Tradition hinter der Ethik einerseits und der Politik andererseits. Die Tugenden, von denen die Ethik handelt, rühmen wir, und das nicht zuletzt wegen der Universalität und Dauerhaftigkeit ihrer Geltung. Werte hingegen verändern sich nachfrageabhängig auf Märkten, und in wechselnden Preisen spiegelt sich das. Zur alltagsvertrauten Nutzung des Wertbegriffs im Kontext der Vermessung schwankender Systemzustände in medizinischer, technischer oder sonstiger praktischer Absicht will das passen.

Aber wie passt es zum Faktum, dass wir, im markanten Unterschied zur alteuropäischen Üblichkeit, heute eben auch Lebensorientierungen, die durchaus preisbildungsunfähig sind und sich auch in anderer Weise nicht quantifizieren lassen, allesamt »Werte« nennen – die »Würde des Menschen« also, die in der europäischen Charta der Grundrechte als »Titel I« aufscheint, oder auch »Freiheiten« sowie »Gleichheit« gemäß Titel II und Titel III dieser Charta?

Das hat zwei hauptsächliche Gründe – passend zum historischen Faktum, dass die Subsumtion der großen Tugenden, maßgebenden Grundrechte und Lebensansprüche unter den Wertbegriff erst im Kontext der dynamisierten Wirtschaft der Industriegesellschaft üblich wurde, und näherhin in der zweiten Hälfte des 19. Jahrhunderts. Erstens geraten die großen Tugenden, die maßgebenden Lebensorientierungen und Lebensansprüche tatsächlich auch ihrerseits in Bewegung. Sie dynamisieren sich, schwanken in ihrer Geltung und suchen sich kompensatorisch als »Höchstwerte« zu befestigen.

Zweitens verändert sich mit der Modernität unserer Lebensverhältnisse der Stellenwert der Ökonomie. Die Menge moralisch zustimmungsfähiger, ja zustimmungspflichtiger Lebensansprüche wächst und bringt sich bis in die Politik hinein zur Geltung, die sich ohne verbesserte wirtschaftliche Lebensvoraussetzungen gar nicht bedienen und erfüllen ließen. Damit erhöht sich der ethische und politische Stellenwert guter Wirtschaft und die moralischen Ansprüche steigen, denen bei Strafe ihres Misserfolgs die wirtschaftlich handelnden Subjekte sich unterworfen finden.

Die früheren »Tugenden« als heutige Werte

Die beiden skizzierten Gründe für die Expansion des Wertebegriffs über die Grenzen der Ökonomie hinaus aufs Ganze der menschlichen Lebensverbringung mit Einschluss der Politik und der Ethik lassen sich exemplarisch anschaulich machen. Tugenden, Hauptthema der klassischen Ethik, wollen uns doch gemeinhin als Orientierungsgrößen von alterungsresistenter Geltung erscheinen, als klassisch eben.

Modernisierungsabhängig beginnt aber auch diese Geltung zu schwanken, und das keineswegs dekadenzhalber, vielmehr kraft unserer wechselnden Angewiesenheit auf jene moralischen Tüchtigkeiten, um die es sich ja bei den Tugenden handelt. Zu den vier klassischen Kardinaltugenden gehört bekanntlich die Mäßigkeit, die man den Armen in dürftiger Zeit nur in Ausnahmefällen zu predigen braucht. Unter modernen Lebensverhältnissen verfügt aber auch derjenige Bevölkerungsanteil, der nach geltender statistischer Konvention sich in Armut befindet, über ausreichende Mittel, die es möglich machen, sich träge und unmäßig zugrunde zu richten. Grundschullehrer finden sich heute, komplementär dazu, angehalten, den Ursachen des gesundheitspraktisch bedrohlich angewachsenen durchschnittlichen Körpergewichts der Schulkinder entgegenzuwirken, und einschlägige Normen allfälliger Lebensreform finden wir allwöchentlich in der Frauen- und Familienpresse an die Erwachsenen adressiert. Nie war die Mäßigkeit wichtiger als heute, und eben das heißt, eine klassische Tugend ist im Wert gestiegen und hat sich eben damit im modernen Sinne als »Wert« etabliert.

Weniger oft als von der Mäßigkeit ist indessen heute von einer anderen Kardinaltugend die Rede, von der Tapferkeit nämlich, und das zumal in Deutschland. Zur Verleihung militärischer Tapferkeitsmedaillen gab es gottlob über etliche Jahrzehnte hin keinen Anlass, und es bedarf entsprechend expliziter Erinnerung, dass schließlich kein Feuerwehrmann oder Polizeibeamter ohne Bereitschaft zur Tapferkeit dauerhaft dienstfähig wäre – von der fälligen Neubewertung alter moralischer Geltungsansprüche in Reaktion auf den näher rückenden Unkrieg des Terrors ganz abgesehen.

Auch unsere Schätzung der so genannten Sekundärtugenden schwankt wie nie zuvor. In vormodernen Lebensverhältnissen, gewiss, hatte die Sekundärtugend zum Beispiel der Pünktlichkeit nur eine marginale Bedeutung – für die Einhaltung der Zeitordnung religiöser Feste nämlich oder auch für die Abwicklung höfischer Riten. Modernisierungsabhängig expandiert hingegen der temporale Koordinationsbedarf unserer Interaktionen ständig, die Uhr wird omnipräsent, und unpünktlich zu sein hieße, andere warten zu lassen. Sogar der seltene Fall eines populär gewordenen neuen Sprichworts bezieht sich auf diesen wachsenden Wert der Pünktlichkeit und das sogar in weltpolitischer Hinsicht – Gorbatschows Diktum nämlich, wer zu spät komme, den bestrafe das Leben. Mit einiger Verblüffung erinnert man sich demgegenüber an die Charakteristik der Sekundärtugenden als KZ-Wächtertugenden seitens eines insoweit desorientierten deutschen prominenten Politikers.

Der Wertewandel

So oder so: Mit der Dynamik in der Änderung zivilisatorischer Lebenslagen verändert sich auch nach Rang und Vorrang die Einschätzung moralischer Fälligkeiten, und das beschreibt in durchaus angemessener Weise der Begriff des Wertes als ein Begriff lageabhängig wechselnder Einschätzungsresultate. Sogar Tugenden lassen sich alsdann quantifizieren, nämlich über die demoskopische Vermessung der jeweils aktuellen sozialen Verteilung solcher Einschätzungsresultate.

Ständig wachsender Neubewertungsbedarf ergibt sich auch aus der expandierenden Menge neuer Handlungsmöglichkeiten, die aus neuem, zumeist forschungspraktisch gewonnenem Wissen resultieren. Mit der Stammzellenforschung verbindet sich heute die Erwartung therapeutischer und sonstiger Nutzbarkeit. Ob für diese Forschung auch Stammzellen, die sich aus in vitro erzeugten Embryonen gewinnen lassen, verwendet werden dürften oder nicht – darüber denkt der deutsche Gesetzgeber bekanntlich anders als der überwiegende Rest der Welt. Wären die fraglichen Embryonen als Menschen zu identifizieren, so wäre selbstverständlich ihre forschungspraktische Nutzung ausgeschlossen. Handelt es sich hingegen nicht um Menschen, vielmehr um »menschliches Leben«, so sind die ontologischen Prämissen einschlägiger gesetzlicher Regelungen gänzlich andere.

Ob wir die eine oder andere Sachprämisse als gegeben einschätzen – das lässt sich eben nicht von einer zwingenden Tatsachenfeststellung abhängig machen. Die Prämisse, von der wir jeweils ausgehen, ist vielmehr, im faktischen Dissens, bewertungsabhängig, und zur auffälligen Divergenz einschlägiger Wertorientierungen verhält sich die Intensität moderner Wertediskurse genau komplementär. Das ist keineswegs ein Skandal, vielmehr eine Unvermeidlichkeit in einer Zivilisation, die rascher als je zuvor eine Zivilisation sich ändert und Neunormierungen erzwingt. In der Konjunktur des Wertebegriffs spiegelt sich das.

Werte, ökonomische nämlich, haben gemeinhin einen geringeren Geltungsgrad als die präambelfähigen Werte der

Gleichheit und Freiheit oder auch als jener »Höchstwert«, den mit eben diesem Prädikator das deutsche Verfassungsgericht dem »menschlichen Leben« in einem seiner Urteile zusprach. Eben das macht es ja erklärungsbedürftig, wieso der alt-europäisch doch primär der Ökonomie zugeordnete Begriff des Wertes modernisierungsabhängig seinen Geltungsbereich über den ganzen Umfang der Politik und der Ethik hinaus auszudehnen vermochte. Als zweiten Grund, der diesen Vorgang der Universalisierung einer primär ökonomischen Kategorie verständlich macht, hatte ich die modernisierungsabhängig fortschreitende Interdependenz von Moral und Ökonomie benannt. Für das christliche Gebot des Teilens in der Absicht, der Not und dem Elend des Nächsten abzuhelfen, steht die Legende des heiligen Martin, der mit der Hälfte seines Mantels das Leiden eines Mitmenschen linderte. Nicht, dass es sich eben darum nicht auch heute noch handeln könnte. Bei jeder Spendenaktion, bei der uns das Rote Kreuz, die Caritas oder die Innere Mission aus Katastrophenanlässen in Anspruch nehmen, handelt es sich ja eben darum, jedoch nicht mehr, wenn wir uns aufgefordert finden, Beiträge zur Minderung der Abstände zwischen den Wirtschaftsniveaus der Weltregionen zu leisten, die die Austauschbeziehungen zwischen diesen Regionen hemmen und komplementär dazu die Migrantenströme anschwellen lassen.

Teilen kann helfen. Aber wer dauerhaft sich auf Teilungsgaben verließe, bliebe dauerhaft hilfsbedürftig, sodass schließlich die Begrenzung des Teilens auf den Umfang von Beihilfen zur Selbsthilfe zur moralischen Pflicht wird. Die Tugend des Teilens verbessert die Welt nur dann, wenn komplementär dazu die Verpflichtung gilt, sich in Nutzung verfügbarer Kräfte maximal wirtschaftlich selbsterhaltungsfähig und damit teilungsgabenunabhängig zu machen. Das ist es, was den moralischen Wert des wirtschaftliche Werte schaffenden Handelns in letzter Instanz ausmacht, und eben das macht zugleich plausibel, wieso die Klassiker der modernen Wirtschaftstheorie sich in prominenten Fällen zugleich als Moralphilosophen verstanden.

Wie alles moralisch gebundene Handeln, so kann sich banalerweise auch die Ökonomie dieser Bindung entziehen, und unsere intellektuellen, gelegentlich auch theologisch inspirierten Kritiker der aktuellen wirtschaftlichen Globalisierungsprozesse finden tatsächlich reichlich Gelegenheit, in kritischer Absicht von den Unwertbegriffen Gebrauch zu machen, die in den Lasterkatalogen unserer ethischen Überlieferung verzeichnet sind – von der Raffgier bis zum Geiz und von der Prahlsucht bis zur Verschwendung. Indessen: Die Expansion wirtschaftlicher Kooperationen in kontinentalen und globalen Dimensionen fände nicht statt und erwiese sich nicht als irresistibel, wenn sie in letzter Instanz nicht kraft der Evidenz der einzig über sie erreichbar gewordenen Lebensvorzüge die überwiegende Zustimmung der betroffenen Menschen fände. Der Endertrag wirtschaftlichen Handelns ist schließlich Wohlfahrt. Seitdem ihr Anstieg in der Lebensfrist einer einzigen Generation erfahrbar geworden ist, also seit Beginn des Industriezeitalters, ist gewiss auch Kulturkritik und damit die Selbstkritik unserer Zivilisation ein unabweisbares Thema geworden und geblieben.

Nichtsdestoweniger lässt sich gegen die Zentralgehalte moderner Wohlfahrt von der Absenkung der Säuglingssterblichkeit bis zur Alphabetisierung und vom dramatischen Anstieg der durchschnittlichen Lebenserwartung bis hin zu den Vorsorge- und Fürsorgeleistungen des modernen Sozialstaats moralisch schlecht argumentieren. Erst die heute verfügbar gewordenen wirtschaftlichen Werte haben es möglich gemacht, in der Charta der Grundrechte der Europäischen Union Schutzgewährleistung für alle Unionsbürger »in Fällen wie Mutterschaft, Krankheit, Arbeitsunfall, Pflegebedürftigkeit oder im Alter sowie bei Verlust des Arbeitsplatzes« festzuschreiben, überdies jedem Menschen ein »Recht auf Zugang zur Gesundheitsvorsorge« zu garantieren, ja »einen bezahlten Mutterschaftsurlaub« und dazu »einen Elternurlaub nach Geburt oder Adoption eines Kindes« zuzusagen. Die Wertschöpfungen des Gemeinsamen Marktes haben nach solchen Wertedeklarationen ersichtlich eher moralische Hypertrophie denn moralische Dekadenz ausgelöst.

Werte – bewertungsabhängig

Wie nie zuvor sind im modernen Lebenszusammenhang moralische und wirtschaftliche Werte miteinander verkoppelt, und eben deswegen vermochte sich der Wertebegriff aus seiner alteuropäischen ökonomischen Disziplin zu lösen und sich bis in die Politik und Ethik hinein zur Geltung zu bringen. Sogar noch in den ökologischen Krisen spiegelt sich das. Dass unser wirtschaftlich motiviertes und technisch instrumentiertes Handeln unsere naturalen Lebensvoraussetzungen in mannigfachen Hinsichten schwer gefährdet, ist schlechterdings nicht zu bestreiten, und in allen politischen Kommunitäten, in denen wir unser modernes Leben organisiert haben, ist das bis auf die UNO-Ebene hinauf zu einem unabweisbaren Thema geworden.

Aber selbst in diesem Kontext ist der Wert wirtschaftlicher Lebensorientierung seinerseits noch einmal angestiegen. Nicht alle, aber die allergewichtigsten ökologischen Probleme sind ja Folgen des Umstands, dass wir mit Lebensvoraussetzungen, die in Wahrheit überaus knapp sind, vom Wasser bis zur klimatisch und gesundheitlich bekömmlichen Luft und von den Bedingungen einiger Lebensverbringung in Ruhe und Stille bis zur Energie überaus verschwenderisch umgehen. Als Konsequenz aus dieser Einsicht ergibt sich ja nicht, endlich auf Ökonomie zu verzichten. Es ergibt sich vielmehr die Fälligkeit, endlich auch unsere ökologischen Lebensvoraussetzungen als knapp erfahrbar und damit ökonomisch einschätzbar zu machen.

Was kann das heißen? Ich erinnere mich an den Protest, der sich in einer evangelischen Kirchengemeinde gegen den Vorschlag erhob, die fällige Neumöblierung des Gemeindehauses für Zwecke der Außennutzung wetterfest, nämlich in Tropenholz auszulegen. Das verletze gröblich die Verpflichtung zur Bewahrung der Schöpfung, im fraglichen Falle also der Schonung des Regenwaldes, so hieß es. Ein anwesender Forstsachverständiger meinte hingegen, die Ärmsten der Armen in den Entwicklungsländern würden auf der Suche nach Ackerland den Regenwald über kurz oder lang ohnehin brandrodend niedergelegt haben – es sei denn, es gelänge, ihnen Arbeit und Brot im Rahmen einer modernen Waldbewirtschaftung zu verschaffen. Eben dazu brauche man aber einen sicheren Absatz der forstwirtschaftlichen Holzerträge, sodass, statt des Verzichts auf Tropenholz, seine Nutzung der wohlgefällige Beitrag der Gemeinde zur Erhaltung der Schöpfung sei.

Wer könnte spontan sagen, wer hier Recht hat? In der Ordnung der aus dem europäischen ethischen Erbe uns überlieferten kardinalen Tugenden nahm die Tugend der Klugheit stets den ersten Rang ein. In einer sehr kompliziert gewordenen Welt ist es aber schwieriger als je zuvor, klug zu sein, das heißt das tatsächlich zielführende Wissen zu gewinnen, gemein zu machen und so auch zur politisch geltenden Maßgabe zu erheben. Das erklärt zugleich die wachsende Intensität moderner Correctness-Regime. Correctness – das ist der massenmedial verstärkte Versuch, moderne Desorientiertheit moralistisch durch Wertebekenntnisse zu kompensieren.

WARNFRIED DETTLING

Vom Wert der Werte, oder: Der Standortdebatte zweiter Teil

Deutschland durchlebt gegenwärtig eine Zwischenzeit: eine Zeit des Übergangs. Die Unsicherheit darüber ist groß, wie es weitergehen wird, individuell wie kollektiv. Verbreitet ist das Gefühl, dass die guten Jahre hinter uns liegen. Kennzeichnend für die Stimmung im Lande ist das, was man eine negative Kultur des Wandels nennen könnte. Veränderungen draußen und drinnen, in der Welt und in der eigenen Wirtschaft und Gesellschaft werden überwiegend negativ gedeutet. Es kann nur schlechter werden. Auch ohne viele Argumente erfährt in der Öffentlichkeit Beifall, wer diese kollektive Stimmung artikuliert und bestärkt. Auf der anderen Seite helfen meist alle Argumente nichts, wenn man versucht, auf die positiven Seiten der Veränderungen hinzuweisen. Es fehlt eine positive Kultur des Wandels, die Veränderungen als Chance begreift, es fehlt ein kollektives Selbstbewusstsein auch in Staat und Gesellschaft, die Dinge zum Besseren zu wenden.

Deutsche Erfahrungen im 20. Jahrhundert

Wie ist es dazu gekommen? Wie lässt sich der Trend wenden? Eine schlechte Stimmung, so viel dürfte klar sein, beflügelt nicht zu großen Taten. Sie bestätigt und verstärkt sich fortlaufend selbst. Pessimisten haben immer Recht: Entweder kommt es so, wie sie düster voraussagen, oder etwas weniger schlimm, dies dann aber nur, weil sie zuvor dramatisch gewarnt haben. In Wahrheit aber ist die kollektive Malaise ein veritabler Standortnachteil.

Jede Erklärung für die Gemütsverfassung der Deutschen muss auf ihre historischen Erfahrungen im 20. Jahrhundert verweisen. In der ersten Hälfte haben sie Kriege und Katastrophen erlebt, Entwertung und Zerstörung materieller und moralischer Werte. Die zweite Hälfte brachte ihnen, vor allem in den glorreichen dreißig Jahren zwischen 1945 und 1975, einen Aufschwung ohnegleichen und in jeder Hinsicht. Dieser Aufschwung wurde ökonomisch als Wirtschaftswunder gefeiert und kulturell von vielen als Restauration kritisiert. In beiden Fällen blieb das Eigentliche unverstanden, wurde es allenfalls auf eine oberflächliche Formel gebracht.

Es gab in jenen Jahren einen gemeinsamen Sinnzusammenhang, gemeinsame und geteilte Erfahrungen und Erwartungen, einen Horizont der Orientierung, in dem sich individuelle und kollektive Anstrengungen wechselseitig ergänzt, legitimiert und verstärkt haben. In die Bonner Republik war wie selbstverständlich ein Sinn- und Wertehorizont eingelassen, ins große Ganze wie ins persönliche Leben der Menschen, der gar nicht vieler Worte bedurfte und auch nicht einer angestrengten Wertediskussion. Dieser Konsens lässt sich in zwei Sätzen zusammenfassen: So, wie es war, soll es nie mehr werden. Und: Die Kinder sollen es einmal besser haben.

Vom Schrumpfen des gemeinsamen Horizontes

Katastrophe und Aufstieg Deutschlands im 20. Jahrhundert – das gilt auf seine Weise auch für die Entwicklung in der DDR – hatten viel mit Werten und mit kollektiver Orientierung zu tun. Umso erstaunlicher ist es, dass die Reform- und Standortdebatte in Deutschland, deren Anfänge nun schon bald zwanzig Jahre zurückreichen, es nicht vermochte, ja, von Ausnahmen abgesehen, es gar nicht erst einmal versuchte, solche Dimensionen anzusprechen. Entsprechend gering war denn auch der Erfolg. Die Reformdebatte beschränkte sich auf ökonomische und finanzpolitische Argumente und Maßnahmen. Es ging um Sparen und Kürzen, um weniger Steuern und mehr Arbeit.

So richtig und notwendig vieles davon auch sein mag: Das Fehlen eines geistigen Horizontes der Reformpolitik war von Anfang an auch eine ihrer entscheidenden Schwächen. Politisches Handeln legitimiert sich nicht allein aus politischen und ökonomischen Zusammenhängen heraus. Es sind immer Ideen und Werte, ein zeitlicher und konzeptioneller Vorgriff auf eine gute oder doch wenigstens bessere Gesellschaft oder auf den gemeinsamen Unternehmenserfolg, um derentwillen Schritte und Anstrengungen plausibel sind und von denen her sie ihren Sinn und damit auch ihre Legitimation erfahren. Es sind die soziale und politische Kultur, der Geist eines Unternehmens, einer Regierung oder eines ganzen Landes, die den Erfolg ausmachen. Werte und Orientierungen haben eine ganz pragmatische Bedeutung; ohne sie ist gemeinsames, zielorientiertes Handeln gar nicht möglich. Es ist an der Zeit, die Werte und auch die Wertedebatten aus dem sozialen und politischen Jenseits herunterzuholen und für die Bewältigung des politischen Alltags fruchtbar zu machen.

Wie Werte leben und sich entwickeln

Damit Werte ihre Kraft entfalten können, müssen sie vom idealistischen Himmel herabgeholt und in die Wirklichkeit eingelassen werden, wie es nach wie vor vorbildlich in der Tugendlehre der klassischen politischen Philosophie, vor allem des Aristoteles geschehen ist. Tugenden, so sagt er in der Nikomachischen Ethik, folgen aus dem Wesen eines bestimmten Lebewesens oder auch einer bestimmten Sache, und sie haben es mit einer je artspezifischen Tüchtigkeit zu tun, und insofern kann man sagen, dass sie auch zu etwas »taugen« (müssen). Tugend, Tüchtigkeit und Taugen gehören zu *einem* semantischen Horizont, ein Umstand von einer weit reichenden praktischen Bedeutung.

Das Wesen des Menschen etwa sieht Aristoteles darin, dass er ein vernunftbegabtes und auf Gemeinschaft hin angelegtes Lebewesen sei. Die »Tugend« eines Pferdes sei es, gut über Hürden zu springen, jene des Messers, gut zu schneiden, die eines Politikers, klug zu handeln. Wie verschieden auch die Beispiele sein mögen, immer verweist die jeweilige »Tugend« auf Stärken *und* Grenzen, eine Einsicht von aktueller ordnungspolitischer Bedeutung: Wer heute vom Staat Dinge erwartet, die er nicht leisten kann; die Stärken von Markt und Wettbewerb im Bildungs- und Sozialbereich unterschätzt oder aber die Grenzen nicht sieht; die Familie mit Aufgaben überfordert, als habe sich nichts geändert in der Welt – wer also die jeweiligen Stärken *und* Grenzen des Staates, des Marktes, der Familie, der Bürgergesellschaft nicht zur Kenntnis nimmt, der handelt unklug und muss das Ziel einer guten Gesellschaft verfehlen.

Vom idealistischen Realismus des Aristoteles kann man aber noch viel mehr für die heutige Zeit lernen. Es gibt Werte, die aus dem Wesen des Menschen folgen und deshalb überzeitlich gültig sind. Aber selbst diese entwickeln sich weiter, und sie müssen immer wieder mit den sich wandelnden Umständen neu interpretiert und für die gegenwärtigen Realitäten in Welt, Wirtschaft und Gesellschaft ständig »operationalisiert« werden.

Das lässt sich an dem Grundwert der Freiheit leicht zeigen. Die klassische politische Philosophie kennt schöne Texte über die Freiheit der Menschen und über die ihr entsprechende Staatsform, die Demokratie. Und doch waren wie selbstverständlich ganze Gruppen von der gleichen Freiheit aller ausgeschlossen. Ähnliches lässt sich von manchen Gründungsvätern der Vereinigten Staaten von Amerika sagen: Das amerikanische Versprechen galt lange Zeit nicht für Sklaven und nicht für Farbige. Die Werte sind geblieben, aber sie wurden nach und nach anders interpretiert und universalisiert.

In der Gegenwart erleben wir einen ähnlichen Prozess. »Männer und Frauen sind gleichberechtigt«, so heißt es im Grundgesetz. Ebenso genießt die Familie einen hohen Wert. Weil beides gilt und auch weiter gelten soll, gibt es gegenwärtig in Politik, Wissenschaft und Öffentlichkeit starke Bestrebungen, die Familienwerte zu universalisieren, sie für beide Geschlechter lebbar zu machen und in Wirtschaft und Gesellschaft mehr Rücksicht auf Mütter, Väter und Kinder zu nehmen.

Es gibt viele Möglichkeiten, Werte zu verfehlen

Werte werden beglaubigt, wenn und solange sie ernst genommen werden als orientierende Maßstäbe für das individuelle oder kollektive Handeln. Werte werden nicht schon dadurch widerlegt, dass Menschen ihnen nicht entsprechen, im Gegenteil: Sie behalten ihre Bedeutung und erweisen ihre Stärke als soziale Normen gerade auch dann, wenn sie verletzt werden, weil sie es überhaupt erst möglich machen, konkretes Handeln und konkrete Zustände zu kritisieren – und zu verändern.

Es gibt andere wirksame Methoden, Werte zu verfehlen. Die eine Möglichkeit besteht darin, sie einfach zu vernachlässigen und zu vergessen, sie mit der Zeit im Wortsinne nicht mehr wahrzunehmen. Man könnte dies am Begriffspaar Eigenverantwortung und Solidarität leicht illustrieren. Es gibt Regionen in der Welt, wo Menschen und Gruppen am Rande der Gesellschaft gar nicht mehr sichtbar sind, aus dem kollektiven Bewusstsein weggewischt wie Kreide einst von der Schiefertafel. In anderen, entwickelten Regionen gibt es Denkschulen und politische Richtungen, die jeden Hinweis auf Eigenverantwortung als einen Angriff auf den Gedanken der Solidarität interpretieren. Es könnte sein, dass eines Tages in ein und derselben Gesellschaft sich die Menschen und auch große Gruppen nicht mehr verstehen, wenn von Eigenverantwortung oder Solidarität die Rede ist: Sie hören dann wie bei einem Gelehrten aus dem Mittelalter, der auf einem modernen Kongress plötzlich anfängt, lateinisch zu reden, keinen Sinn mehr, nur noch Wortgeklingel und Hintergrundgeräusche.

Eine andere Möglichkeit, das Thema zu verfehlen, besteht darin, permanent über Werte zu reden, aber dabei sorgfältig darauf zu achten, dass diese Rede möglichst folgenlos für die Wirklichkeit in Staat, Wirtschaft und Gesellschaft bleibt. Länder mit starken Traditionen aus Romantik und Idealismus scheinen besonders anfällig für Wertedebatten zu sein, die wie Luftkissen über die Klüfte, Abgründe und Widersprüche dieser Welt hinweggleiten. »Über den Wolken muss die Freiheit wohl grenzenlos sein.« Es gibt kaum eine Methode, den Werten und dem Wertebewusstsein nachhaltiger zu schaden als durch all die wohlfeilen und leerformelhaften Werteappelle, die ins Land geschleudert werden. Die politischen Parteien mögen sich prüfen, inwieweit sie zu diesem Werteverfall der besonderen Art beitragen, wenn in einer eingespielten Arbeitsteilung die einen sich um Programme und Grundwerte kümmern, ohne viel darüber nachzudenken, was dies denn alles für ganz konkrete Handlungsfelder bedeutet, und die anderen sich den Regierungsgeschäften widmen und Reformdebatten ohne jeden Bezug zu grundsätzlichen Werten und Orientierungen führen.

Eine dritte Möglichkeit schließlich, das Thema der Werte zu verfehlen, kann man als das konservative Missverständnis beschreiben. Man kann es vor allem an zwei Haltungen erkennen. Die eine nähert sich den Werten wie einem heiligen Schrein: Werte müssen bewahrt, hervorgeholt, von Zeit zu Zeit entstaubt und den Menschen nahe gebracht werden. Die andere sagt: Die Werte verfallen. Früher war alles besser. Wir leben in einer moralischen Krise. Die Jugend verwahrlost, und sie tut dies seit Platons Zeiten. Beiden Positionen gemeinsam ist eine statische Wertephilosophie, ein mangelhaftes Verständnis dafür, dass Werte immer wieder im Dialog und auch im Streit begründet und Spannungen zwischen Werten in Gesprächen aufgelöst werden, und gemeinsam ist ihnen auch ein Versiegeln der Realität, eine Tabuisierung globaler und gesellschaftlicher Veränderungen, die im Extremfall von der Warte der Werte aus jede Entwicklung verhindert oder gar einem fundamentalistischen Rückfall den Boden bereitet.

Demgegenüber stünde eine Wertephilosophie, die Engagement mit Gelassenheit und Werte mit Wirklichkeiten verbindet. Der Theologe und Religionswissenschaftler Friedrich Wilhelm Graf bringt es gut auf den Punkt: »Die Krise der Moderne ist so alt wie die Moderne selbst. Insofern erleben wir in der Gegenwart nur verstärkt, was für moderne Gesellschaften immer charakteristisch gewesen ist: starke interne Polarisierung in Wertfragen, bleibender Dissens darüber, was die tragenden Fundamente des gemeinsamen Lebens sind, Auseinandersetzungen darüber, ob es etwas wie eine Leitkultur geben muss, und die irritierte Sorge vor der Allgewalt des Ökonomischen.«

Werte und Orientierungen im Lebensverlauf

»Die Wahrheit liegt auf dem Platze.« Dieser Satz eines erfahrenen Trainers gilt nicht nur für den Sport, sondern auch für die öffentliche Wertedebatte. Um genau zu sein: Die normative Wahrheit von Werten (»Die Würde des Menschen ist unantastbar«) gilt unabhängig von der Wirklichkeit. Die pragmatische Wahrheit von Werten steht und fällt aber damit, dass sie (in) der Wirklichkeit etwas zu sagen haben, Orientierung geben im Leben, in Politik wie Unternehmen, helfen beim intelligenten Umgang mit realen Problemen. Was damit gemeint ist, soll im Folgenden wenigstens angedeutet werden: warum die neuen Lebensverläufe mehr und nicht weniger Werte und Orientierungen brauchen; was Werte bedeuten können für die wichtigen Akteure; warum ohne Rücksicht auf Werte bestimmte Probleme nicht erfolgreich anzugehen sind.

Werte und Orientierungsleistungen werden in den Lebensverläufen heute junger Menschen eher wichtiger werden als bei der Generation, die zwischen 1930 und 1950 geboren ist. Junge Menschen haben ein Leben mit riskanten Freiheiten und normalen Risiken vor sich, das sich deutlich von den eher standardisierten Lebensverläufen früherer Generationen unterscheiden wird. Diese waren organisiert nach dem Modell der Lebenstreppe und gliederten sich in drei klar unterscheidbare Phasen: In der Jugend bereitete man sich auf den Ernst des Lebens vor. Als Erwachsener war man berufstätig und/oder war verheiratet und hatte Kinder. Im Alter genoss man den »verdienten Ruhestand«. Lineare und standardisierte Lebensverläufe, in denen die einzelnen Phasen klar aufeinander bezogen und wechselseitig »stimmig« sind (nach dem Motto: ein Leben, ein Beruf, eine Sicherheit), entlasten den Einzelnen von persönlich zu erbringenden Sinn- und Orientierungsleistungen.

Je größer aber die Zahl der Optionen, je größer auch die Zahl der Anfänge und Umstiege, Wechsel und Übergänge, umso wichtiger werden Daseinskompetenzen und soziale Tugenden für ein gelingendes Leben. Je offener die Landschaft ihrer Zukunft sich vor jungen Menschen ausbreitet, umso mehr brauchen sie einen inneren Kompass, der ihnen hilft, von den vielen möglichen Wegen einen sinnvollen auszuwählen. Je mehr die Menschen zum Regisseur ihres eigenen Lebens werden, umso wichtiger wird das Drehbuch, das sie sich selber schreiben müssen. In Zeiten des Wandels wächst der subjektive Bedarf nach und die objektive Notwendigkeit von Orientierung.

Familie, Wirtschaft und Gesellschaft: neue Profile und Balancen

Dieser Zusammenhang wird unmittelbar einleuchtend, wenn man sich die wichtigsten Akteure im Hinblick auf die Frage betrachtet, wie sie besser werden können. Mehr oder weniger *Staat* ist eine geflügelte Formel, doch es kommt vor allem auf einen intelligenten Staat an, der sich nicht übernimmt, seine Aufgaben dann aber auch so effektiv und effizient wie möglich erfüllt. Jedes Nachdenken über den Staat muss deshalb mit dem Menschen und seinen Fähigkeiten und Freiheiten, aber auch seinem Wunsch nach (Rechts-)Sicherheit und Gerechtigkeit beginnen. Ohne Wertorientierung ist eine vernünftige Staatspraxis nicht einmal zu denken und noch weniger zu gestalten. *Unternehmen* auf der anderen Seite, so eine richtige und doch oberflächliche Vorstellung, haben es mit Werten ganz anderer Art zu tun. Aber wie kommt es dann, dass sie, wie Forschungen der Gallup Organization immer wieder zeigen, Milliardenwerte verschleudern einfach deshalb, weil es ihnen nicht gelingt, ihre Mitarbeiterinnen und Mitarbeiter umfassend zu motivieren und bei ihnen Loyalität und Engagement nachhaltig zu begründen, sodass viele, zu viele von ihnen aus dem Unternehmen innerlich auswandern? Eine Unternehmenskultur aber, welche die Menschen mit Respekt behandelt, eine Unternehmensverfassung, in welcher sie gehört werden, lassen sich ohne Wertorientierung nicht denken noch durchhalten. Auch hier gilt der Satz: Wer nur etwas von Ökonomie versteht, versteht auch diese nicht.

Familienwerte stehen in der öffentlichen Rhetorik zu Recht hoch im Kurs. Unter den veränderten Bedingungen werden sie aber nur dann eine gute Zukunft haben, wenn es gelingt, die Arbeitswelt familienfreundlicher zu gestalten und für beide Geschlechter die Teilhabe an der Familien- wie an der Berufswelt zu erleichtern. Es sind konservative Werte, die nach neuen Formen und Strukturen verlangen. Kinder und Familien bereichern die Gesellschaft, und sie brauchen und verdienen deshalb *social support* aus der lokalen Gesellschaft. Hier wie allgemein lässt sich *bürgerschaftliches Engagement* begründen und mobilisieren nicht als »Ausfallbürge« für Löcher in den öffentlichen Haushalten, sondern wiederum nur durch einen »moralischen Dialog«, wie Amitai Etzioni es nennt, durch Verweis auf die Wertschöpfung, die dadurch für den Einzelnen wie für das Gemeinwesen erfolgt: Gutes tun mit Gewinn.

Die Leistungen, die *Kirchen und Religionen* für die Menschen und für den sozialen Zusammenhalt erbringen, sind als intendierte und geplante Folgen ihres Handelns weder denkbar noch herstellbar; und doch wäre eine Gesellschaft ohne sie ärmer. Und Ähnliches gilt nicht zuletzt für den wichtigsten Akteur überhaupt, den Einzelnen, *das Individuum,* die Person: Warum sollte sie oder er sich anstrengen wenn nicht für etwas, eine Idee, ein Ziel, eine Familie, das die eigene Person übersteigt? Häuser und Städte kann man nach einem Krieg wieder aufbauen, ebenso eine Wirtschaft, vielleicht sogar wunderbarer als vor der Zerstörung. Denkt man sich jedoch (in einem Gedankenexperiment) die sozialen und moralischen Zusammenhänge von einem auf den anderen Augenblick weg, es wäre dies die eigentliche Katastrophe.

Herausforderungen und Antworten: nicht ohne Werte und Orientierung

Die riskanten Lebensverläufe in der modernen Gesellschaft; das Bestreben, Akteure und Institutionen zu verbessern, nicht zuletzt aber auch der Versuch, Antworten auf drängende Probleme zu finden, machen eine Neuentdeckung der Notwendigkeit von Wertorientierungen auch im öffentlichen Leben unabweisbar. Man könnte das an fast allen wichtigen Themen der Zeit illustrieren. Menschen in Arbeit zu bringen, ihre Bildung und Gesundheit zu verbessern, die öffentlichen Räume vor der Verwahrlosung zu retten, in einer bunten, vielfältigen Gesellschaft zivilisiert zusammenleben, dem Leben nicht nur zusätzliche Jahre, sondern den gewonnenen Jahren auch zusätzliches Leben abzuringen, Wohlstand und Wohlfahrt zu sichern, all dies und vieles andere mehr wird nur möglich sein, wenn es gelingt, das Verhalten der Menschen zu ändern. Darf man das wollen, darf man das anstreben? Lange Zeit galt es als ausgemacht, dass dies ein gefährlicher Weg sei: nicht liberal oder ganz offen autoritär.

Doch es bleibt keine andere Wahl, und es gibt freiheitliche Wege zu dem Ziel, Verhalten zu ändern und Mentalitäten zu beeinflussen. Ihnen gemeinsam ist, dass gesellschaftliche Werte und gesellschaftliche Probleme wieder öffentlich in einen politischen Zusammenhang gebracht werden. Nur dann kann eine Gesellschaft ihren Ansprüchen an sich selbst gerecht werden; nur dann kann sie Probleme lösen und Ärgernisse aus der Welt schaffen. Zum Beispiel im Bereich des Bildungswesens: In kaum einem anderen entwickelten Land schlagen die Gesetze der sozialen Vererbung so stark durch wie in Deutschland. Kinder aus unteren sozialen Schichten haben deutlich schlechtere Chancen, sich als Person zu entwickeln und ihre Anlagen zu entfalten. Dies widerspricht jeder Idee vom Wert eines Menschen, wie er in jedem Grundsatzdokument beschworen wird, nämlich seinem Recht auf Entfaltung seiner Persönlichkeit. Es ist dies aber auch angesichts der demographischen Entwicklung in ökonomischer Hinsicht töricht. Wenn außerdem wie in Deutschland mehr kluge Köpfe das Land verlassen als in das Land kommen, der globale Wettbewerb um die besten Köpfe also, wenn es so weiter geht, verloren werden wird (»Brain drain« statt »Brain gain«), dann sind die ökonomischen Folgen auf den ersten Blick, die sozialen Folgen aber gleich auf den zweiten sichtbar. Das deutsche Sozialmodell, das seit Jahren in einer Krise steckt, wird seine Attraktivität nicht wieder gewinnen können, wenn es nicht gelingt, Grundfragen neu zu thematisieren, einen kohärenten Gesellschaftsentwurf zu entwickeln. Es wäre dies so etwas wie der Standortdebatte zweiter Teil.

Die Bertelsmann Stiftung und ihr Gründer Reinhard Mohn haben dieses Denken in Alternativen und Perspektiven, in Problem- und Wertzusammenhängen immer wieder nicht nur eingefordert, sondern auch vorgemacht. So sind sie zu Repräsentanten nicht nur eines erfolgreichen Unternehmens geworden, sondern auch einer positiven Kultur des Wandels mit einer weiten Ausstrahlung in Politik und Gesellschaft.

KLAUS-PETER SCHÖPPNER

Renaissance des Vertrauens

Deutschland braucht dringend Reformen! In keiner Zeitung, Nachrichtensendung, politischen Diskussion können die Deutschen heute dieser »Mutter aller politischen Forderungen« noch entgehen. Die Reformen tangieren inzwischen fast alle Politikbereiche: Arbeitsmarkt, Bildungssystem, Gesundheitsversorgung, Renten, Staatsfinanzen. 83 Prozent der Deutschen halten nach einer TNS-Umfrage für die Bertelsmann Stiftung eine Veränderung unseres Staates für »dringend notwendig«.

Doch das ist nur die eine Seite, die sichtbare Spitze des Eisbergs: Genauso dringend braucht Deutschland »stille« Reformen: eine Rückbesinnung auf die Werte unseres Miteinander im Verhältnis zwischen Bürgern und Politik, Arbeitnehmern und Arbeitgebern, im Umgang der gesellschaftlichen Gruppen. Deutschland braucht darüber hinaus eine Erneuerung seiner gesellschaftlichen Werte. Wir benötigen wieder einen Grundkonsens in unserer Gesellschaft, um die gewaltigen Herausforderungen des alltäglichen Lebens gemeinsam anpacken zu können. Ohne eine Wertereform in Gesellschaft, Politik und Wirtschaft wird dies nicht gelingen.

Die Verunsicherung erreicht heute ein Höchstniveau

2006 ist die mentale Lage vieler Deutscher ähnlich marode wie die unserer Sozialsysteme: Nie zuvor waren die Deutschen über ihre Zukunft stärker verunsichert: 85 Prozent haben Zukunftsangst, acht von zehn waren zum Zeitpunkt der letzten Bundestagswahl beunruhigt über die mangelnde Kompetenz der Parteien. Im April 2006 waren es nur unbedeutend weniger. 2005 hatte mit 56 Prozent zum ersten Mal eine Mehrheit der ostdeutschen Beschäftigten Angst um den Arbeitsplatz, im Westen waren es mit 43 Prozent kaum weniger.

Schlimmer noch: In den letzten Tagen der Schröder-Regierung trugen die Deutschen unter den westlichen Industrienationen die rote Laterne des Pessimismus-Spitzenreiters: 58 Prozent erwarteten eine weitere Verschlechterung ihrer Lebenssituation. In den USA galt dies nur für jeden Vierten.

Obwohl die SPD und Bündnis 90/Die Grünen vor acht Jahren angetreten waren, das Miteinander zwischen den Interessengruppen Alt und Jung, Arm und Reich, Arbeitnehmern und Arbeitgebern zu verbessern, hat das Empfinden von »sozialer Ungerechtigkeit« seit 1998 zugenommen: Zu Beginn hielten 67, 2005 78 Prozent der Deutschen unsere Gesellschaft für sozial ungerecht. In den von vielen als »Hire and fire«-Nation abqualifizierten USA sind es nur 54 Prozent. Die Unzufriedenheit ist für viele Deutsche ein willkommenes Vorurteil, um sich jeglichen Reformbemühungen verweigern zu können. Nur noch sechs Prozent der Deutschen setzen großes Vertrauen in die Politik. Nur noch 17 Prozent vertrauen den Vorständen im Hinblick darauf, dass diese Interessen der Beschäftigten angemessen berücksichtigen.

Nachdem die deutsche Politik lange Jahre die wachsenden ökonomischen Probleme als »übliche konjunkturelle Delle«

verkannt hatte, analysiert sie nun den Bedarf eines grundlegenden Lebens-, System- und Wertewandels – und dieser verunsichert sie selbst zutiefst, zumal für diese Veränderungen gleich sechs Wurzeln erkannt wurden:

- *der weltwirtschaftliche Wandel.* Das Verschmelzen der Ökonomien und die damit einhergehende weltweite Konkurrenz durch offene Grenzen und schnelle Informationsverbreitung provoziert im Land des stetigen Wachstums auf einmal tiefe Zweifel über seine Wettbewerbs- und Wohlstandsfähigkeit.
- *der demographische Wandel.* Immer weniger Geburten und immer höheres Lebensalter stellen in atemberaubender Geschwindigkeit unser Sozialsystem in Frage.
- *die fortschreitende, immer stärker unüberschaubare Technologisierung.* Ein Deutschland, in dem technische Neuerungen für zwei Drittel eher Risiko als Chance bedeuten und neue Ideen erst dann umgesetzt werden, wenn auch der letzte Gefahrenmoment ausgeräumt ist, verpasst seine Wettbewerbsfähigkeit.
- *die Versinglesierung unserer Gesellschaft.* Die stark ansteigende Zahl von Single- statt Drei-Generationen-Haushalten nimmt die Familien aus der Verantwortung für die Älteren und überträgt die Altersversorgung stillschweigend dem Staat, der diese – wenn überhaupt – nur noch anonym und minimal übernehmen kann.
- *das Ausländerproblem.* Mangelnde Integration, immer größere Ausländeranteile, Aufbau von Parallelgesellschaften sowie der Verlust eigener Werte und Identität lassen viele Deutsche zu Fremden im eigenen Land werden.
- *der massive Wandel der Arbeitswelt.* Statt sozial abgesicherter Arbeit mit Kündigungsschutz verändert sich der Arbeitsmarkt in Richtung »Employability«, also dem politischen

Ziel, nur noch für Beschäftigungsfähigkeit statt Arbeitsplätze zu sorgen. Der Bürger ist damit bei der Sicherung seiner Zukunft auf sich allein gestellt.

Der Rückzug als Folge wachsender Unsicherheit

Doch anstatt sich gegen diese Angstmachtrends zu stemmen und zu handeln, reagieren die Deutschen mit Klagen statt Wagen und dem Suchen nach Gründen und Verantwortlichen. Sie verfallen in Lethargie, und die ist ein schlechter Begleiter, denn sie führt zum Abwarten statt zum Starten.

Die sechs Negativperspektiven sind die Gründe einer fatalen Konsequenz: Qualifikation, Engagement und Eigeninitiative führen nicht mehr wie früher zu einem Arbeitsplatz, also zu einem gewissen Maß an Zukunftssicherheit. Im Gegenteil: Selbst wer sich stark engagiert und gut ausgebildet ist, kann leicht scheitern. Das eigene Leben ist auf einmal nicht mehr planbar, die Sicherheit gefährdet, die Zukunft nicht mehr gestaltbar, sondern oft nur noch Zufall.

Die Deutschen haben das Vertrauen in einen das Leben zukunftsfähig machenden Wertekanon verloren. An die Stelle alter Werte wie Verlässlichkeit, Verantwortung, Anerkennung, Leistungsorientierung, Kompetenz, Nachhaltigkeit und Offenheit treten Zufall, Unzuverlässigkeit, Verantwortungsdelegation, Nepotismus, Tagesaktualität und Intransparenz. Die Menschen fühlen sich werte- und damit wehr- und wertlos wie nie zuvor seit Bestehen der Bundesrepublik Deutschland. Aber nur dann, wenn die Bürger Vertrauen zu ihrem Staat und ihrer Wirtschaft haben, sind sie bereit, gemeinsam den notwendigen Reformkurs mitzugehen, sich gemeinsamen Zielen unterzuordnen und persönliche zugunsten allgemeiner Interessen hintanzustellen. Nur wenn die Angestellten Vertrauen zu ihren

Chefs haben, sind sie bereit, gemeinsame Unternehmensziele vor Eigennutz zu stellen. Anderenfalls dominieren Egoismus und persönliches Profitdenken in den Betrieben: Jeder wird sich selbst zum Nächsten.

Entsolidarisierung

Aus dem Sozialstaat Deutschland, der einmal von Solidarität, Miteinander und Kooperation geprägt war, ist ein Staat mit mangelndem gesellschaftlichem Konsens geworden. Die Entsolidarisierung Deutschlands erreicht Maximalwerte:

- 83 Prozent beklagen, dass es vielen zu leicht gemacht wird, sich im Sozialstaat auszuruhen.
- 83 Prozent kritisieren, dass sich zu viele ihren Verpflichtungen gegenüber der Gemeinschaft entziehen.
- 79 Prozent beklagen, dass immer mehr Leute auf Kosten der Allgemeinheit leben.
- 72 Prozent meinen, dass immer mehr Menschen finanziell weniger für die Allgemeinheit leisten, als sie es eigentlich könnten.
- 69 Prozent analysieren, dass immer mehr Menschen nichts mehr miteinander zu tun haben wollen.
- 74 Prozent sagen voraus, dass unsere Gesellschaft auseinander fallen wird.

In dieser dramatischen Situation sind Politik und Unternehmen mehr denn je gefordert: die Politik, um den Menschen Visionen, Verlässlichkeit, Schutz und Perspektive zu geben; die Unternehmen, um den Beschäftigten in Zeiten sich schnell verändernder Arbeitsbedingungen Beschäftigung, Selbstverwirklichung, wirtschaftliches Auskommen und damit ein Mindestmaß an Sicherheit zu garantieren.

Doch beide Gruppen werden diesen Fundamentalforderungen nicht gerecht: Beide haben ihre Funktion, für Bürger bzw. Mitarbeiter da zu sein, längst verloren. Also misstrauen die Deutschen ihren Politikern:

- 72 Prozent beklagen, dass sich die meisten Politiker nicht für die Probleme der einfachen Leute interessieren.
- 79 Prozent meinen, den Parteien gehe es vornehmlich um Wählerstimmen und nicht darum, was die Menschen wollen.
- 78 Prozent sind der Ansicht, dass immer mehr Menschen an den Rand der Gesellschaft gedrängt werden.
- 82 Prozent werfen dem Staat vor, dass er sich in zu viele Dinge einmischt.

Schließlich misstrauen die Deutschen der gesellschaftlichen Verantwortung der Unternehmer:

Früher – so heißt es – waren die Firmen wie eine große Familie, das Unternehmerwort galt, die Beschäftigten brachten ihren Chefs Vertrauen entgegen. Heute führen globaler Wettbewerb, Unternehmensumstrukturierungen und Betriebsverkäufe zur machtvollen Dominanz des Kapitals über den Menschen (»Heuschrecken«) und damit zu ihrer Verabschiedung aus der wirtschaftlichen Solidargemeinschaft: 49 Prozent der Arbeitnehmer empfinden, dass die Unternehmer zu wenig zum Erhalt unserer Gesellschaft beitragen.

Mit beängstigenden Folgen: Ängste, Sorgen, großer Unsicherheit und Unzufriedenheit werden zu ständigen Begleitern am Arbeitsplatz. Der innere Frieden ist in vielen Unternehmen auf der Strecke geblieben.

- 74 Prozent der Beschäftigten beklagen, dass nur noch Bilanzen und nicht mehr Beschäftigteninteressen oberste Chefprioritäten sind.

- 79 Prozent sind über die Verlagerung von Arbeitsplätzen ins Ausland aufgebracht.
- 88 Prozent geben den Unternehmern Teilschuld an der hohen Arbeitslosigkeit in Deutschland.

Doch es sind nicht nur knappe Kassen, der internationale Wettbewerb oder der Effektivitätswettlauf der Unternehmen, die die Abkehr vom Engagement verursachen. Es ist noch stärker die damit einhergehende persönliche Entwertung, die für viele Beschäftigte nur noch schwer zu ertragen ist.

Fünf entscheidende Veränderungen haben die Deutschen in ihrem direkten Arbeitsumfeld in den letzten zehn Jahren erleben müssen:

- *von Local zu Global.* Das Business ist global geworden. Mit nationalen Märkten können selbst Mittelständler kaum mehr existieren. Die Folgen dieser internationalen Synergien sind weltweite Tarifkonkurrenz, Abkehr von tradierten Arbeitsweisen, globale Kostenoptimierung, neue Vertrags- und Entlohnungssysteme: »Über meine Zukunft wird auf anderen Kontinenten entschieden.« Oft bedeutet »global« zudem der Verlust von Unternehmensnamen und -traditionen zugunsten eines »global brand«.
- *von der Sicherheit zur Beunruhigung.* Nie war die Zukunft weniger planbar als heute, weil Globalisierung, Rationalisierung oder Fusionierung urplötzlich jeden treffen könnte. Lebenslange Firmenzugehörigkeiten werden selten, das Risiko massiver Veränderungen war nie größer.
- *vom Wir zum Ich:* Wegen der knappen und unsicheren Arbeitsplätze verändert sich der Wettbewerb: Oft existiert er nicht mehr nur zwischen den Wettbewerbern, immer stärker auch innerhalb der Mitarbeiter eines Unternehmens, sogar

einer Abteilung. Wenn gekündigt wird, will ich überleben, was zunehmenden Egoismus am Arbeitsplatz zur Folge hat. Damit aber wird aus dem gemeinsamen Kampf aller Mitarbeiter gegen die Konkurrenz der Kampf »Ich gegen dich«.

- *vom Mensch zum Marketingziel.* In den Unternehmen haben sich die menschlichen Bedürfnisse jederzeit denen des Unternehmens unterzuordnen. Die Reengineering-Maßnahmen der 90er Jahre haben zu völlig veränderten innerbetrieblichen Strukturen geführt: Zielerreichungsvereinbarungen, Marketingpläne, Budgets, Time Sheet: Computer überwachen und optimieren. Der Mitarbeiter findet seine Rechtfertigung vornehmlich in zumeist schwer lesbaren Datenkolonnen.
- *vom Interessierten zum Frustrierten:* Der Beruf und die Angst vor Arbeitsplatzverlust bestimmen immer weitere Teile des Lebens, sodass viele kaum mehr ihre Gedanken für andere Dinge frei haben: Freizeit, Erholung, Familie und Freunde. Früher hatten die Deutschen noch Interesse am Gemeinwohl, an den Problemen anderer. Heute fühlt sich die große Mehrzahl selbst hilfsbedürftig. Die Menschen ziehen sich aus der Gemeinschaft zurück und werden ihr gegenüber passiv.

In unserer Gesellschaft werden ökonomische Prinzipien zur Richtschnur des Handelns. Unser Alltagsleben folgt zusehends der Logik der Märkte. Die Partnerschaft zwischen Bürger, Wirtschaft und Staat existiert nicht mehr. Die alten Wertemuster gelten nicht länger. Zu der materiellen gesellt sich – schlimmer noch – die mentale Exclusion. Viele fühlen sich nicht mehr »dazugehörig«, sondern überflüssig.

Eine Zeitlang konnte die Politik diese immer größer werdende Gruppe der Frustrierten durch bemerkenswerte Sozialleistungen ruhig stellen. Allerdings führte das zur Zunahme einer Art »lethargischen Proletariats«. Die ungeheure Zunahme von Videospielen, ungesunder Ernährung, ganztägigem TV-Konsum sowie ungezügelter Gewaltbereitschaft sind Zeichen dieser unheilvollen Entwicklung. Sozialleistungen können die Probleme der Perspektivlosigkeit nicht überdecken.

Das Wiedererlangen der persönlichen Partizipation wird damit zum vorrangigen Ziel von Politik und Wirtschaft. Damit ist die Politik stärker denn je gefordert, einen neuen Wertekanon, der seine Bürger wieder erreicht, zu entwickeln. Was also müssen die gesellschaftlich verantwortlichen Kräfte unternehmen, unserer Nation wieder Kraft, Stärke, Innovation und Zukunftsfähigkeit zu geben, damit Deutschland in den Nationenrankings wieder auf die vordere Plätze zurückkehrt?

Notwendig ist eine Renaissance der Werte

Die geforderte Werte-Renaissance geht nur gemeinsam: Bürger, Politik und Wirtschaft müssen dazu ihren Beitrag leisten – damit ist also jede gesellschaftliche Gruppe gefordert:

- die Politiker, die wieder zum allgemein anerkannten Sachverwalter der Bürgerinteressen werden müssen.
- die Unternehmer, die wieder Unternehmens- mit Allgemeinwohl in eine vernünftige Relation bringen müssen.
- schließlich die Bürger selbst, die wieder lernen müssen, solidarisch miteinander umzugehen und ihr Anspruchsdenken neu zu justieren.

Ein gemeinsamer Wertekanon ist also notwendiger denn je: Ein einheitliches Problembewusstsein, allgemein akzeptierte Vorgehensweisen, gleiche Ziele, Werte und Ordnungssysteme sind also die grundlegenden Voraussetzungen, um alle Kräfte einer Gesellschaft zu Antreibern unserer Zukunftsfähigkeit zu machen.

Reformbereitschaft erfordert den gemeinsamen Mut zum Wandel. Vor allem deshalb, weil sie intrinsisch, also von innen heraus motiviert sein muss. Druck allein, also der Zwang der Notwendigkeit, zeitigt längerfristig keinen Erfolg, weil die Grundlage von Commitment die gemeinsame Überzeugung als Wurzel haben muss.

Bürger, Politik und Wirtschaft müssen also zu einer Erneuerung der Gesellschaft ihren Beitrag leisten:

- die Bürger, indem sie ihr Gesichtsfeld erweitern und die Perspektiven anderer gesellschaftlicher Gruppen verstehen wollen, statt egozentrische, also übergeordnete Kriterien zur Basis von Entscheidungen zulassen.
- die Politik, indem sie ihre Leistungen auf das Notwendige reduziert und sich fast ausschließlich um den Schutz ihrer Bürger kümmert, um ihre Sicherheit im Alter, ihre Gesundheit, Arbeitsmarkt, Bildung, Familie sowie die innere und äußere Sicherheit. Vor allem muss dem Eindruck der Versorgungsfunktion des Staates für fast alle Lebenslagen entgegengewirkt werden.
- die Wirtschaft: Nur im Klima von Sicherheit, Eigenwert und im Gefühl der Teamzugehörigkeit können die Kräfte freigesetzt werden, die zum Erfolg benötigt werden. Ziele sind nur gemeinsam zu erreichen. Also sind Transparenz, Teilung von Verantwortung, von Erfolg und Misserfolg, Sicherheit, Gerechtigkeit und Vertrauen die Faktoren, die den Betriebserfolg auch längerfristig sicherstellen.

Nicht die Ökonomie im Sinne von Milton Friedman, bei der sich alles der freien Kraft des Marktes unterzuordnen hat, muss zur bestimmenden Wirtschaftsordnung werden. Nur kooperative Konzepte, die Beständigkeit, Vertrauen, Rechte- und Pflichtenbalance sowie Menschlichkeit in den Vordergrund stellen, sichern langfristig den Erfolg. Deutschland unterscheidet sich damit offensichtlich von vielen angelsächsischen Staaten, weil wir den Commitment-Werten einen höheren Stellenwert einräumen.

Die Waage wird so zum Symbol unserer Zukunftsfähigkeit: Nur wenn wir bereit sind, unser Geben und Nehmen in einen imaginären Gleichstand zu bringen und Lasten und Verantwortung auf alle Schultern gerecht verteilt wissen, kann Deutschland die Globalsierungsherausforderungen erfolgreich bestehen.

Mangelndes Vertrauen und fehlendes Gemeinschaftsdenken sind die Gründe, weswegen die Deutschen nach einer TNS-Emnid-Studie im Vergleich der »alten« 15 EU-Staaten aus der Rolle fallen: In keiner Nation sind die Erkenntnisse über den Nutzen von Restrukturierungsmassnahmen größer, die persönliche Veränderungsbereitschaft dagegen geringer als in Deutschland.

Die Zukunftsfähigkeit unseres Landes hängt damit vom gegenseitigen Vertrauen ab. Nur in der Sicherheit von gegenseitigem Goodwill sind Bürger und Beschäftigte bereit, ihre eigenen Interessen hintan und die gemeinsamen in den Vordergrund zu stellen. Nur wenn wir uns wechselseitig vertrauen, wird unsere Gesellschaft sich positiv entwickeln. Nur wenn wir der Politik vertrauen, sind wir reformbereit. Nur wenn wir unseren Unternehmen vertrauen, setzen wir uns bedingungslos für ihre Ziele ein. Der Schlüssel für unsere Zukunft heißt also Vertrauen, in die Mitmenschen, die Politik und die Unternehmen.

III.
Gesellschaftliche Handlungsrahmen

JOHANNES MEIER

Die Familie als gesellschaftspolitisches Ziel – Gedanken zu einer strategischen Wertedebatte

Die Institution Familie befindet sich in einem tief greifenden Wandel mit weit reichenden Auswirkungen auf die Wertevermittlung und Werteentwicklung in der modernen Gesellschaft.

War die Kontinuität in der Familie früher zentraler Bestandteil einer bürgerlichen Gesellschaft, wird heute die Hälfte der Ehen von Stadtbewohnern geschieden. Mehr als ein Drittel aller Ehen, die im Jahr 2000 geschlossen wurden, bestanden fünf Jahre später nicht mehr. Die Familie ist häufig keine gesellschaftliche Institution mehr, die Stabilität gegenüber Widrigkeiten vermittelt. In den pluralistisch ausgerichteten Gesellschaften ist sie ähnlich vielfältig und mehrdeutig wie Konsumprodukte oder politische Parteien.

In Hinblick auf die Nachkommen hat sich die Familie in den meisten westlichen Gesellschaften gewandelt. In Deutschland ist die durchschnittliche Geburtenrate mit 1,3 heute weit unter das bestandserhaltende Niveau von 2,1 gesunken. In den letzten zehn Jahren ist der Wunsch nach Kindern ständig weiter zurückgegangen. Wir müssen also mit einer noch niedrigeren Geburtenrate rechnen.

Untrennbar mit dem Wandel in der Familie verbunden sind die veränderten Rollenbilder von Mann und Frau in der modernen Gesellschaft. Wachsende Gleichberechtigung der Geschlechter und zunehmende Individualisierung der Lebensentwürfe lassen frühere Familienbilder rund um die Frau am Herd und den in Vollzeit beschäftigten Mann unwirklich erscheinen. Spätestens wenn die eigenen Kinder – und gerade die gut qualifizierten Töchter – Familien gründen wollen, verweisen selbst höchst traditionsbewusste Eltern auf die Notwendigkeit, »erst einmal beruflich etwas zu erreichen«. In Familien mit niedrigem Einkommen ist ein Beitrag der Frau zur Sicherung des Auskommens oft dringend notwendig, sodass die traditionellen Rollenbilder als eine den wirtschaftlichen Realitäten nicht entsprechende Illusion oder als Wunschdenken entlarvt werden.

Diesen individuell und flexibel ausgestalteten Familienkonzepten in der modernen deutschen Gesellschaft stehen traditionelle Familienbilder anderer Kulturen und insbesondere des Islam gegenüber. Die Schwierigkeiten der Integration von Migranten hängen auch mit den unterschiedlichen Familienkonzepten und Rollenbildern in verschiedenen Kulturen zusammen. Sie zeigen, dass wir bisher nicht in der Lage waren, einen offenen und konstruktiven integrativen Diskurs zum Thema Familie in unserer Gesellschaft zu beginnen.

Vor diesem Hintergrund müssen Antworten auf die folgenden Fragen gegeben werden:

- Wie soll Familie definiert werden?
- Welche grundsätzlichen Funktionen hat die Familie in der Gesellschaft?
- Welche Rahmenbedingungen bestimmen den Kontext für die moderne Familie?
- Welche alternativen Entwürfe können die gesellschaftlichen Funktionen der traditionellen Familie kompensieren?

- Welche Implikationen ergeben sich daraus für die Familienpolitik?

Definitionen von Familie

Unter einer Familie versteht die Soziologie eine engere Verwandtschaftsgruppe. Die Familie wird zwar in Artikel 6 des Grundgesetzes unter den »Schutz der staatlichen Ordnung« gestellt, doch gibt es keine allgemeingültige gesetzliche Definition des Begriffs Familie. Das Buch »Familienrecht« innerhalb des Bürgerlichen Gesetzbuches definiert in seinem § 1589 nur den Begriff »Verwandtschaft« anhand der Abstammung, nicht jedoch den der Familie.

Um einen möglichst breiten Zugang zum Thema Familie in der modernen Gesellschaft zu finden, soll hier Familie durch die Übernahme von generationenübergreifender Verantwortung definiert werden. Insbesondere manifestiert sich Familie da, wo Kinder sind. Allerdings müssen heute in einem modernen Familienbegriff auch Patchwork-Familien und allein erziehende Eltern erfasst werden, um eine realistische Sicht auf die Veränderungen in den Verteilungen der verschiedenen Ausprägungen von Familie zu gewinnen. Ansonsten endet die Analyse schnell mit einer larmoyanten und konsequenzlosen Beschreibung des stetigen Rückgangs der traditionellen Familie in der modernen Gesellschaft, in der Kirchen und Staat an Definitionsmacht bei diesem Thema verloren haben.

Im Folgenden wird angenommen, dass Deutschland durch vielfältige Familienbilder gekennzeichnet ist und weitere Differenzierungen der Familienbilder stattfinden werden.

Grundsätzliche Funktionen der Familie

Familien haben aus Sicht der Gesellschaft mindestens drei zentrale Funktionen:

1. Familien bilden die Grundlage für eine nachhaltige Gesellschaft.
2. Familien bilden die Keimzelle für Gemeinsinn und Solidarität.
3. Familien haben stark positive fiskalische Effekte.

1. Nachhaltigkeit

Kinder verweisen über den eigenen Tod hinaus und stellen ein Bekenntnis zur Nachhaltigkeit und nach Peter Ustinov sogar einen Hinweis auf Unsterblichkeit dar. Auch wenn es trivial ist, so ist es wichtig festzustellen, dass bei der heutigen Geburtenrate von 1,3 Kindern jede nachfolgende Generation um ein Drittel kleiner ist als die vorherige Generation. Zwar sinkt die Bevölkerung infolge längerer Lebenserwartung langsamer, aber ohne Wanderungsüberschuss würde die Bevölkerung in Deutschland bis 2100 auf unter 25 Millionen sinken.[1] Ein Wanderungsüberschuss von 250 000 jüngeren Menschen – was deutlich über dem Wanderungssaldo der letzten Jahrzehnte liegt – ergäbe einen Rückgang auf 50 Millionen. Diese Projektionen zeigen, dass die Gesellschaft ihre heutige strukturelle Ausprägung stark verändern wird. Wenn die Familie mit Kindern nicht wieder erheblich zunimmt, muss man akzeptieren, dass die Gesellschaft in ihrer heutigen Form nicht nachhaltig ist.

Angesichts eines erwarteten globalen Bevölkerungswachstums auf über neun Milliarden Menschen im Jahr 2050 ist der Blick auf mögliche Völkerwanderungen nach Europa und Deutschland – besonders aus Afrika – berechtigt. Aber auch unter Berücksichtigung von solchen Zuwanderungen bleibt die

Tatsache bestehen, dass die Familien – dann in anderer Verteilung der Kulturen – auch 2050 oder 2100 die Grundlage für die Nachhaltigkeit in Deutschland darstellen.

Präziser formuliert, müssen wir uns die Frage stellen, welchen Wert die Nachhaltigkeit der Gesellschaft in der heutigen kulturellen und strukturellen Form für uns darstellt. Die gegenwärtigen niedrigen Kinderzahlen deuten auf eine wahrscheinlich ernüchternde Antwort auf diese Frage hin. Man sollte sich aber auch vor Augen führen, dass fundamentale Veränderungen der Kultur und Struktur der Gesellschaft die Geschichte der Menschheit prägen und zu viel Angst vor Veränderung immer ein schlechter Ratgeber ist.

2. Gemeinsinn und Solidarität

Eltern übernehmen die Verantwortung für ihre Kinder ohne zeitliche Beschränkung. Kein Arbeitsvertrag regelt die Rechte der Eltern als Arbeitnehmer, auch wenn klar ist, dass Kinder eine enorme Investition von Ressourcen erfordern. Genauso wenig ist es möglich, den Reichtum, den Kinder darstellen, in einem präzisen Vertrag abzubilden. Klar ist aber, dass in der Verantwortungsübernahme für Kinder und in der Interaktion mit Kindern Eltern sich (weiter-)entwickeln. Kinder zwingen förmlich zum Gemeinsinn und zur Solidarität. Erlebter Altruismus in einer Familie ist zugleich Kern einer am Gemeinsinn orientierten Wertevermittlung.

Der Philosoph Ken Wilber verweist auf eine Sequenz von möglichen Entwicklungsstadien von Menschen als Individuen und Gesellschaften als Ganzes. Die frühen Entwicklungsstadien sind stärker ich-zentriert, und höhere Entwicklungsstadien sind durch ein stärkeres Wir-Gefühl und Anteilnahme am Gesamten gekennzeichnet.[2] Die Familie kann gleichsam ein Motivator und Mechanismus sein, in diesem Sinne höhere persönliche Entwicklungsstadien anzustreben. Selbstverständlich ist die Familie nicht der einzige Weg zur persönlichen Entwicklung, aber die starken biologischen und soziologischen Bande und – zumeist – die Fürsorge und Liebe in der Familie stellen nicht zu unterschätzende Urkräfte dar. Die besondere Art dieser Wirkungskraft der Familie zeigt sich gerade in Krisen, wie es Frank Schirrmacher in seinem Buch »Minimum« beschrieben hat.

3. Fiskalische Effekte

Die Familie ist auch eine ökonomische Institution, die primärer Träger der Verantwortung und der Kosten für die Erziehung von Kindern in der Gesellschaft ist. Unter den Bedingungen des Steuer- und Sozialsystems erzeugt ein heute geborenes Kind im Durchschnitt laut ifo-Institut eine so genannte positive fiskalische Externalität von 77000 Euro.[3] Das heißt, dass Staat und Gesellschaft deutlich von Kindern profitieren. Diese Bilanz hängt natürlich eng mit den umlagefinanzierten Sozialsystemen zusammen. Damit einher geht eine Umverteilung von jungen Generationen zu älteren Generationen und von Kinderreichen zu Kinderlosen und Kinderarmen. Diese Umverteilung wird durch die wachsende Staatsverschuldung noch verschärft, da die Schulden von kommenden Generationen getilgt werden müssen oder Geldentwertung die zukünftige Kaufkraft reduzieren wird.

Rahmenbedingungen für die moderne Familie

Auch wenn finanzielle Transfers meist im Zentrum der familienpolitischen Debatte stehen, so muss festgehalten werden, dass die finanzielle Unterstützung für Familien mit Kindern in den letzten Jahrzehnten deutlich zugenommen hat. Wegen des allgemeinen Wohlstandszuwachses sind die finanziellen Möglichkeiten, sich für Kinder zu entscheiden, absolut gesehen besser als zu Zeiten des Babybooms.

Mit zunehmender Gleichberechtigung und Qualifizierung von Frauen im Berufsleben und der Abkehr vom traditionellen Rollenbild der Mutter am Herd sind jedoch die Opportunitätskosten massiv gestiegen: So zeigt eine Simulation der Lebensökonomie, also der Einkommen und Ausgaben mit und ohne Kinder von typischen Haushalten, dass durch den zumindest temporären Ausfall eines zweiten Einkommens und eingeschränkte Karrieremöglichkeiten zumindest eines Elternteils wegen der Kinder besonders Haushalte mit Kindern ein dramatisch geringeres Konsumpotenzial haben als Haushalte ohne Kinder. Diese Unterschiede sind bei Haushalten mit hohem Einkommen beider Partner, also insbesondere Akademikerhaushalten, am stärksten ausgeprägt.[4]

Der mögliche heutige Kinderwunsch steht klar im Wettbewerb mit alternativen Lebenskonzepten. Die private Entscheidung für oder gegen Kinder wird von nicht ökonomischen Faktoren, wie allgemeinen Rollenbildern, gesellschaftlicher Mentalität, Emotionen, Werten, Sinnstiftung und religiöser Orientierung, mindestens so stark beeinflusst wie von ökonomischen Faktoren.

Die Vielfalt der Alternativen und die Flexibilität kennzeichnen die moderne Gesellschaft. Diese Vielfalt der Lebenskonzepte wird weiterhin bestehen. Eine Rückkehr zur traditionellen Familie ist aus heutiger Sicht in großen Bevölkerungsteilen unrealistisch. Deshalb muss es in Zukunft verstärkt darum gehen, erstens die Flexibilitätscharakteristik der modernen Gesellschaft mit dem Aufziehen von Kindern besser zu vereinbaren. Zweitens müssen Anreize so gestaltet werden, dass Konsequenzen von Entscheidungen für alternative Lebenskonzepte besser dem Individuum zugeordnet werden.

Kinder und Flexibilität

Die Vielfalt der Lebensformen und die Flexibilität in der modernen Gesellschaft sind zugleich Chance und Herausforderung. Die Biographien sind vielfältiger als noch vor einer Generation. Die Lebensplanung wird offener: Phasen des Lernens und Arbeitens greifen ineinander; das Private und das Berufliche sind häufiger verzahnt.

In diesem Kontext sind viele Rahmenbedingungen so, dass Kinder eher als Last denn als Lust verstanden werden. Die Vereinbarkeit von Beruf und Familie ist bei Frauen wie Männern in Deutschland eine große Herausforderung. Die Betreuungsangebote für Kleinkinder sind quantitativ und qualitativ unzureichend oder unflexibel. Die Rigiditäten von Arbeitsverträgen, Tarifmodellen, Karrierepfaden und Erfolgsstereotypen sind aber letztlich gewachsene oder selbst gemachte Stolpersteine.

Es bedarf klarer Prioritäten auf staatlicher, wirtschaftlicher und privater Seite, wenn die Chancen der Flexibilität nicht mit dem Preis der wachsenden Kinderlosigkeit und all ihrer Folgen bezahlt werden sollen. Andere Länder und lokale Beispiele zeigen, dass Betreuungsmöglichkeiten, Karrieren und Lebensentwürfe durchaus miteinander vereinbar sind. Es ist logisch, dass für eine produktive Balance das Einfordern von hoher Flexibilität in der Arbeitswelt und bei den Lebensläufen eine entsprechend hohe Flexibilität bei den Infrastrukturen und der kulturellen Akzeptanz von alternativen Lebensentwürfen erfordert. Die Anerkennung der modernen Flexibilität und

Vielfalt verlangt, dass alle Familienformen in die staatliche Familienförderung einbezogen werden.

Alternative Lebenskonzepte und persönliche Konsequenzen

Eine rein ökonomisch orientierte Debatte über die Kinderentscheidung führt in die Irre. Aber es ist auf jeden Fall aus Gerechtigkeitsüberlegungen heraus richtig und wichtig, die ökonomischen Zusammenhänge besser abzubilden und Abhängigkeiten von demographischen Faktoren transparent zu machen. Zu Recht haben die katholischen deutschen Bischöfe darauf hingewiesen, dass es unmoralisch ist, die Lasten einer kollektiven Risiko- und Wohlstandssicherung der heutigen Generation durch Verschuldung auf zukünftige Generationen zu übertragen.[5]

Als noch keine kollektiven Alterssicherungskonzepte existierten, war Kinderreichtum eine Notwendigkeit zur individuellen Absicherung. Angesichts der demographischen Entwicklung und des demographischen Faktors in der Rente ist es mehr als nur ein Gedankenexperiment, ob wir uns als Gesellschaft nicht wieder in Richtung solcher Notwendigkeiten bewegen. Jedes Absenken des Niveaus der umlagefinanzierten Alterssicherung wirft zwangsläufig die Frage auf, ob eigene Kinder in der Zukunft oder andere Solidaritätsformen eine wichtigere Rolle spielen müssen bei der Sicherung eines würdevollen und zunehmend längeren Lebensabends. Angesichts der positiven fiskalischen Externalität von Kindern und des höheren Konsumpotenzials von Kinderlosen ist beispielsweise ein höherer Grad an finanzieller Altersvorsorge von Kinderlosen möglich und sinnvoll.

Insgesamt ist eine klare Zuordnung von Kosten auf Positionen im Rahmen der Flexibilisierung der Lebensläufe notwendig. Eigenverantwortung ohne Kostentransparenz und Konsequenzen ist letztlich ein leerer Begriff. Eine reine Maximierung der Freizeit und Konsumzeit sollte weder individuelles Ziel sein noch durch kollektive Sicherungsmechanismen unterstützt werden, wenn eine nachhaltige Gesellschaft das Ziel ist.

Kompensationen bei Funktionsversagen der Familie

Angesichts der Vielfalt der modernen Lebensentwürfe und Familienformen und der Verwerfungen im Übergang zwischen verschiedenen Modellen muss damit gerechnet werden, dass die oben genannten Funktionen der Familie für die Gesellschaft nicht immer erfüllt werden. Anders gesagt, es lohnt sich, über kompensatorische Konstrukte bei Funktionsversagen der modernen Familie nachzudenken.

Wo Familie nicht mehr den Kern einer generationenübergreifenden Solidarität darstellt, müssen professionelle Dienstleistungen in Kombination mit neuen Solidaritätsformen unabhängig von Verwandtschaft einstehen. Die Beispiele neuer Wohngemeinschaften im Alter oder des Zusammenlebens von Jung und Alt in Mehrgenerationenhäusern zeigen, dass durchaus verbindliche Formen der Solidarität jenseits von Verwandtschaft gefunden werden können. Bei den meisten Beispielen für neue Solidarität zwischen den Generationen und genossenschaftliche Ökonomien auf Gegenseitigkeit fällt auf, dass die Kombination von professionellen Dienstleistungen und Personalisierung der gegenseitigen Verbindlichkeiten zentrale Erfolgsvoraussetzungen sind.

Der Staat ist im Hinblick auf mögliches Funktionsversagen der modernen Familie mit Kindern besonders im frühkindlichen und schulischen Bereich gefordert. Gerade weil homogene Familienverhältnisse nicht mehr vorausgesetzt werden können, wächst die Bedeutung der frühkindlichen Bildungseinrichtungen und der Schule als verbindende Funktion in der Gesellschaft. Außerdem wächst der Wert der Bildung in der modernen Wissensgesellschaft als Grundlage unseres Wohlstands. Schließlich ist Bildung ein zentraler Hebel für die Integration von Migranten. Sie ist somit das Hauptinstrument der Politik zur dauerhaften Sicherung der sozialen Chancengerechtigkeit.

In einer Gesellschaft, in der vermehrt Kinder in neuen Formen von Familie aufwachsen, gewinnt das Erlernen sozialer Verhaltensweisen mit anderen Kindern in Tagesstätten, Kindergärten und Schulen an Bedeutung. Ein kognitiver Fokus auf Wissen reicht dazu nicht aus, sondern eine ganzheitliche Wahrnehmung von kognitiven, emotionalen, sozialen, musischen und physischen Fähigkeiten der Kinder muss die Erziehung leiten.

Implikationen für die Familienpolitik

Die Entscheidung für ein Kind und die Gründung einer Familie kann nur in einem komplexen Zusammenwirken von kulturellen, ökonomischen und spezifisch privaten Faktoren begriffen werden. Der Wunsch nach Kindern sowie die Entscheidung für oder gegen Kinder sind letztlich privat und sollten auch privat sein. Diese Entscheidungen beruhen auf gesellschaftlichen Werten wie der Wertschätzung von Kindern oder der Anerkennung der Bedeutung von Bildung. Es stellt sich die Frage, welche Form der Familienpolitik überhaupt sinnvoll ist. Fünf Erfolgsfaktoren der Familienpolitik sollen zur Diskussion gestellt werden.

Nach den obigen Überlegungen ist wohl erwiesen, dass Familienpolitik im besten Fall die Rahmenbedingungen für Familien verbessern kann. Sie kann sich die *Wertschätzung von Kindern und Eltern* zum Ziel setzen. Sie kann aber nie eine hinreichende Bedingung für Kinder schaffen. Mit dieser Einschränkung sind viele Initiativen der Familienpolitik im Hinblick auf die finanzielle Unterstützung von Familien oder auf die Vereinbarkeit von Familie und Beruf sinnvoll und hilfreich.

Zur Beurteilung der Initiativen ist mehr *Transparenz über die Effizienz und Effektivität der Maßnahmen* wünschenswert. Voraussetzung für eine solche Beurteilung ist zunächst eine radikale Vereinfachung. Es ist schlicht unakzeptabel und mit Sicherheit ineffizient, dass keine hinreichende Transparenz über die Mittel besteht, dass die Abwicklung von Familientransfers hohe Transaktionskosten verursacht, dass vom System nicht gewollte Ungleichheiten bei der Inanspruchnahme der Leistungen existieren und dass mangelnde Kontinuität und finanzielle Instabilitäten Folge der verteilten Zuständigkeiten sind. Zur Vermeidung dieser Ineffizienzen reichen auf bloßen Zuwachs bauende Veränderungen nicht. Vielmehr sollte ein radikaler Systemwechsel die Bündelung der Ressourcen und Zuständigkeiten und insbesondere die Konnexität von Zuständigkeit und Finanzverantwortung anstreben. Erweiternd sollten Postulate der Generationengerechtigkeit und Verschuldungsverbote in die Systemreform aufgenommen werden.

Zur Beurteilung der Effektivität von Familienpolitik muss eine *Hierarchie von Bewertungsmaßstäben* definiert werden. Allein bei der Frage, ob Familienpolitik nach der Quantität der Geburten beurteilt werden sollte, scheiden sich die Geister stark, bis hin zur Tabuisierung der Frage. Erst recht schwierig wird es, wenn die Bedeutung von Talenten für die Wissensgesellschaft und damit die Qualitätsdimension in die Bewertung eingeführt werden soll. Noch fehlt in Deutschland trotz aller aktuellen Aufmerksamkeit für die Familienpolitik eine präzise Debatte über deren Ziele.

Eine sinnvolle Zieldefinition muss auf einem *Verständnis der Wirkungszusammenhänge* aufsetzen. Einerseits wird gefordert, dass der Staat Nachteile oder Lasten von Familien anerkennen und durch einen über den Leistungsausgleich hinausgehenden Lastenausgleich berücksichtigen sollte. Andererseits schafft die Forderung nach einem Lastenausgleich kein kinderfreundliches Klima, indem sie Kinder als Last bezeichnet und Familie mit negativen Konnotationen verbindet. Homburg und Schnabel verweisen in diesem Zusammenhang auf die gefährliche Stigmatisierung von Kindern als Armutsrisiko.[6] Angesichts der unterschiedlichen Wirkung von familienpolitischen Transfers in Abhängigkeit vom Einkommen der Eltern muss Familienpolitik immer im Kontext unserer modernen Klassengesellschaft, wie von Paul Nolte treffend beschrieben, analysiert und konzipiert werden.

Als wichtigen Referenzpunkt für eine tiefer gehende *Debatte der Familienpolitik im historisch-kulturellen Kontext* lohnt ein Blick ins Ausland. So verbinden Franzosen mit dem Leitbild der »grande nation« eine aktive Bevölkerungspolitik und eine gesellschaftliche Hochschätzung kinderreicher Familien. In Deutschland wird aus historischen Gründen die Vision einer »großen Nation« vermieden, und der Begriff Bevölkerungspolitik wird negativ wahrgenommen.

Angesichts der komplexen Wirkungszusammenhänge und der großen Bedeutung des historisch-kulturellen Kontextes für die

Familienpolitik kann festgehalten werden, dass eine Kontinuität von Orientierungspunkten für die Politik über Parteien und Legislaturperioden hinweg wichtig ist. Erst ein solcher nationaler Wertekonsens schafft die Grundlage für eine gute Zielbestimmung und die notwendige Verlässlichkeit der Eckpunkte der Familienpolitik. Ohne diese gute Zielbestimmung und Verlässlichkeit ist Wirksamkeit kaum zu erreichen.

Anmerkungen

1 Herwig Birg: *Die demographische Zeitenwende.* München 2003.

2 Ken Wilber: *A Theory of Everything: An Integral Vision for Business, Politics, Science and Spirituality.* 2000.

3 Kurt Biedenkopf et al.: »Starke Familie«. Bericht der Kommission »Familie und demographischer Wandel«, Robert Bosch Stiftung, 2006, 14.

4 empirica, Lebensökonomie als (mögliches) Leitbild einer nachhaltigen Familienpolitik, Projekt 24174, März 2005.

5 Die deutschen Bischöfe: Kommission für gesellschaftliche und soziale Fragen 28: »Das Soziale neu denken«, 12. Dezember 2003.

6 Stefan Homburg und Reinhold Schnabel: *Reform der Familienpolitik.* Gütersloh 2005.

DETLEF MÜLLER-BÖLING

Hochschulbildung und Wertevermittlung

Wertedimensionen in der Hochschulreform

Der Rahmen eines Aufsatzes über Bildung und Wertevermittlung ist weit gesteckt. Außer in der Familie, so sollte man denken, werden Werte in ganz besonderem Maße dort vermittelt, wo es um Bildung geht. Die Hochschulen nehmen dabei neben den allgemeinbildenden Schulen eine zentrale Rolle ein. Allerdings lässt sich ein so umfassendes Thema wie das der Wertevermittlung durch die Hochschulen sicherlich nicht erschöpfend im Rahmen eines einzelnen, sehr begrenzten Beitrags hinreichend abhandeln. Ziel dieser Abhandlung kann daher nur sein, eine Reihe von Einzelaspekten zu beleuchten, bei denen sich Wertevermittlung im Hochschulkontext gut erkennen lässt. Dabei wird insbesondere der Bezug zu momentanen Entwicklungen in der Hochschulreform hergestellt. Es soll aufgezeigt werden, wie sich in drei wesentlichen Reformfeldern der Internationalisierung des Hochschulsystems, der Reform der Studienstruktur und der Steigerung der wissenschaftlichen Leistungsfähigkeit wichtige Wertsetzungen spiegeln.

Ausgangspunkt soll dabei mit dem Bologna-Prozess ein Gesamtzusammenhang von Reformprozessen sein, der die Hochschulen nicht nur in Deutschland, sondern in ganz Europa in sehr umfassender Weise verändert. Die 1999 vereinbarte Bologna-Deklaration sieht vor, dass bis 2010 ein Europäischer Hochschulraum Realität werden soll. Von mittlerweile 45 Staaten wurden im Zuge dieser Übereinkunft zunächst sechs Maßnahmen vereinbart:

1. Die »Einführung eines Systems leicht verständlicher und vergleichbarer Abschlüsse, auch durch die Einführung des Diplomzusatzes (Diploma Supplement) mit dem Ziel, die arbeitsmarktrelevanten Qualifikationen der europäischen Bürger ebenso wie die internationale Wettbewerbsfähigkeit des europäischen Hochschulsystems zu fördern.«

2. Die »Einführung eines Systems, das sich im Wesentlichen auf zwei Hauptzyklen stützt: einen Zyklus bis zum ersten Abschluss (undergraduate) und einen Zyklus nach dem ersten Abschluss (graduate). Regelvoraussetzung für die Zulassung zum zweiten Zyklus ist der erfolgreiche Abschluss des ersten Studienzyklus, der mindestens drei Jahre dauert. Der nach dem ersten Zyklus erworbene Abschluss attestiert eine für den europäischen Arbeitsmarkt relevante Qualifikationsebene. Der zweite Zyklus sollte, wie in vielen europäischen Ländern, mit dem Master und/oder der Promotion abschließen.«

3. Die »Einführung eines Leistungspunktesystems – ähnlich dem ECTS – als geeignetes Mittel der Förderung größtmöglicher Mobilität der Studierenden. Punkte sollten auch außerhalb der Hochschulen, beispielsweise durch lebenslanges Lernen, erworben werden können, vorausgesetzt, sie werden durch die jeweiligen aufnehmenden Hochschulen anerkannt.«

4. Die »Förderung der Mobilität durch Überwindung der Hindernisse, die der Freizügigkeit in der Praxis im Wege stehen«, insbesondere für Studierende und Lehrende.

5. Die »Förderung der europäischen Zusammenarbeit bei der Qualitätssicherung im Hinblick auf die Erarbeitung vergleichbarer Kriterien und Methoden.«

6. Die »Förderung der erforderlichen europäischen Dimensionen im Hochschulbereich, insbesondere in Bezug auf Curriculum-Entwicklung, Zusammenarbeit zwischen Hochschulen, Mobilitätsprojekte und integrierte Studien-, Ausbildungs- und Forschungsprogramme.«[1]

Ergänzt wurden diese Maßnahmen dann auf Nachfolgekonferenzen in Prag, Berlin und Bergen noch einmal um die nachfolgenden Aspekte: die Förderung des Lebenslangen Lernens, die Förderung der Beteiligung der Studierenden an der Gestaltung des europäischen Hochschulraums, die Förderung der Attraktivität des europäischen Hochschulraums und die Einbeziehung der Doktorandenausbildung in den Bologna-Prozess.

Ausgangspunkt dieses Beitrags ist somit ein Prozess, der für die Hochschulentwicklung insgesamt von sehr großer Bedeutung ist. Die drei genannten Aspekte Internationalität, Studienstruktur und Wissenschaftlichkeit sind – dies wird vor dem Hintergrund der benannten Maßnahmen deutlich – insofern keineswegs beliebig, sondern es geht hier um Themen, die im Bologna-Prozess einen besonderen Niederschlag finden:

- Internationalität ist ein zentrales Thema, denn zahlreiche der Maßnahmen im Zuge des Bologna-Prozesses zielen auf eine Erhöhung der Mobilität innerhalb Europas und darüber hinaus.
- Die Umstellung auf ein System gestufter Abschlüsse zielt auf die Schaffung einer Studienstruktur, die ein Studium besser und zielgerichteter mit unterschiedlichen Bildungsbiogra-

phien verknüpfen soll und die ernst macht mit der Vorstellung vom Lebenslangen Lernen.

- Auch die wissenschaftliche Leistungsfähigkeit der Hochschulen ist mit den Reformen insofern eng verknüpft, als ein zunehmend engerer Zusammenhang zwischen der Herstellung des Europäischen Hochschulraums im Zuge des Bologna-Prozesses und der Lissabon-Strategie zur Etablierung Europas als einer besonders leistungsfähigen Weltregion gesehen wird. Niederschlag findet dies im Ziel eines Europäischen Forschungsraumes. Deshalb ist der Aspekt der Wissenschaftlichkeit der dritte, um den es in diesem Beitrag schwerpunktmäßig geht.

Internationalität

Eines der zentralen Ziele im Bereich der Entwicklung des Europäischen Hochschulraumes wie auch des Europäischen Forschungsraumes ist die Erhöhung der internationalen Mobilität von Studierenden und Wissenschaftlern, aber auch von Absolventen. Im Zuge des Bologna-Prozesses spielt dieses Ziel eine zentrale Rolle, und zwar etwa dort, wo es um die Einführung vergleichbarer Abschlüsse geht oder um die Beseitigung von Mobilitätshemmnissen. Aber auch die Vorstellung von einer Profilierung der europäischen Bildungslandschaft gegenüber anderen Hochschulräumen ist eng mit der Überwindung von Mobilitätshemmnissen und auch von nationalen Begrenztheiten und Befangenheiten verknüpft.

Der Europäische Hochschulraum ist – der Ambitioniertheit des Vorhabens zum Trotz – kein Wunschgebilde, sondern er nimmt konkrete Form an. Auch wenn die Bologna-Deklaration kein bindender völkerrechtlicher Vertrag ist, hat sie längst dazu beigetragen, neue und größere Räume zu schaffen und

Phänomene der Entgrenzung in Bildung und Wissenschaft im Denken der Hochschulen und einer weiten Öffentlichkeit zu verankern. Ein steigender Internationalisierungsgrad bei den Studierenden, gemeinsame Standards und eine wachsende Zahl multinationaler Studiengänge sowie grenzenüberspannender Kooperationen und Netzwerke in Forschung und Lehre sind wichtige Beispiele praktizierter Internationalität.

Die Bedeutung von Internationalität als Prozess mit hohem Wertebezug ist vor dem Hintergrund der globalen Entwicklungen in den Bereichen Wissenschaft, Wirtschaft und Politik leicht erkennbar. Internationalisierung ist insofern keineswegs alleine eine Frage der Herstellung neuer größerer Räume für eine globale Gesellschaft, sondern impliziert auch Entwicklungen hin zu einer Stärkung der Völkerverständigung und der Überwindung geistiger Begrenztheiten. Die Steigerung der Mobilität führt zu einer Weitung der Horizonte der Beteiligten und stärkt ihre Kompetenzen im internationalen und interkulturellen Umgang miteinander.

Kulturell resultiert hieraus ein neues Denken, das der Soziologe Richard Münch sehr treffend beschrieben hat, als er davon sprach, dass die Unterscheidung von Innen und Außen an Bedeutung einbüßt und dass sich hieraus eine Homogenisierung von Binnenmoral und Außenmoral als »Motor transnationaler Vergesellschaftung« ergibt.[2] Der Wandel, der hieraus resultiert, ist vielfältig und durchgreifend. Münch hat dann auch angesichts der Herausbildung der europäischen Marktdimension eine Reihe von sehr weit reichenden Schlüssen für die Entwicklung nicht nur von gesellschaftlichen Teilsystemen wie Wirtschaft oder Recht gezogen, sondern er hat insbesondere auch eine Entmaterialisierung bestimmter Steuerungsideale und Steuerungsebenen ausgemacht.

Europa, so führt Münch aus, wird »nicht die Gestalt einer Nation annehmen und sich auch immer weniger aus Nationen zusammensetzen«. Es werde »ein wesentlich vielschichtigeres Gebilde aus lokalen Gemeinden, mehr oder weniger starken Regionen, immer mehr verblassenden Resten von Nationen und einer Vielzahl horizontal angeordneter Interessengruppierungen, vor allem aber selbstverantwortlich handelnder Individuen sein.«[3] Von der Institutionenordnung wird dieser Wandel dann auch durchaus schon vollzogen. Auf dem Gebiet des Wirtschaftsrechts etwa vollzieht sich der Wandel hin zur »Gewährleistung eines freien Wettbewerbs, [zur] Chancengleichheit und [zu] faire[m] Wettbewerb.« Im politischen Bereich sieht er einen »Paradigmenwechsel vom materiellen zum prozeduralen Grundrechtsschutz« wirksam werden. Für eine Entwicklung zur Steigerung von Eigenverantwortlichkeit und Emanzipation ist dieser Trend durchaus bedeutsam. Werte des unternehmerischen Menschen und einer pluralistischen Gesellschaft werden auf diese Weise stärker verankert als von der sozialen, rechtlichen, politischen oder ökonomischen Ordnung. Das vorherrschende Prinzip ist unter diesen Bedingungen nicht das der Resultatgleichheit und des sozialen Ausgleichs, sondern das der Fairness, die als Chancengleichheit und Wirksamkeit des Leistungsprinzips ausgeprägt ist.[4]

Viele Lebensbereiche, auch manche sehr konkreten, sind hiervon betroffen. Wie Münch formuliert, wird etwa der Verbraucher »nicht materiell geschützt, sondern in die Lage versetzt, souverän zu entscheiden.«[5]. Es liegt auf der Hand, dass diese Prozesse von einer entsprechenden Ausprägung der Hochschul- und Wissenschaftslandschaft unterstützt und befördert werden. Auch mit Blick auf den Arbeitsmarkt ist die Entwicklung der Entmaterialisierung von hoher Bedeutung.

Das Ziel eines hohen Beschäftigungsniveaus, so Münch, verfolge die Gemeinschaft durch die »Förderung der Beschäftigbarkeit der Arbeitnehmer, [...] eine Kategorie, die nicht vor den Marktkräften schützt, sondern Marktfähigkeit vermitteln will.« Dementsprechend wirken ähnliche Trends der Entmaterialisierung und Individualisierung auch auf dem Gebiet der Inhalte hochschulischer Bildung.[6]

Studienstruktur

Der Bologna-Prozess ist nicht nur ein Kristallisationspunkt von Bemühungen um Internationalität, sondern er verweist zugleich auf weit reichende Veränderungen der Strukturen und Ziele des Studiums insgesamt. In der aktuellen Diskussion wird dann auch insbesondere die Umstellung der Studienstruktur auf ein System gestufter Abschlüsse als wesentlicher Bestandteil des Bologna-Prozesses angesehen. Auch wenn dieser Prozess noch nicht abgeschlossen ist, hat er den Hochschulen in Deutschland wie anderswo schon jetzt viel abverlangt. Dabei haben zahlreiche Hochschulen einen hohen Grad an Kreativität und Engagement bewiesen, um diese Veränderungen so vorzunehmen, dass sie im Sinne der benannten Ziele ablaufen.

Gemeint ist damit neben einer konsequenten Orientierung auf internationale Vergleichbarkeit und geographische wie disziplinäre Mobilitätsschnittstellen auch die Orientierung auf die Bedürfnisse eines zunehmend komplexeren Arbeitsmarktes und damit auch auf eine ökonomische Verwertbarkeit des Studiums für den einzelnen Absolventen wie auch für die Gesellschaft. Unter Maßgabe der Orientierung auf den Arbeitsmarkt sind allerdings keineswegs nur kurzfristige Bedarfslagen von Unternehmen zu befriedigen. Vielmehr geht es um die grundlegenden Fähigkeiten, Beiträge auf einem dynamischen Arbeitsmarkt innerhalb der nächsten 60 Jahre leisten zu können. Damit, dass sie diese Frage sehr viel ernster nehmen als bislang, werden die Hochschulen nicht nur einer wichtigen Verantwortung gegenüber der Gesellschaft und den Studierenden gerecht, sondern sie haben vor dem Hintergrund einer rasanten Wissensproduktion und einer fast ebenso rasanten Veraltung von Wissen auch eine schwierige Aufgabe übernommen.

Neu ist ein stärkerer Bezug auf die berufliche Praxis in vielen Fächern aber allemal. Zuweilen wird der derzeitigen Hochschulreform dann auch zum Vorwurf gemacht, sie wende sich gegen das Ideal einer zweckfreien und emanzipatorischen Bildung und suche die Hochschulen sehr viel stärker auf Aspekte der Ausbildung von Spezialisten und damit auf die Vermittlung von schlichtem praktischem Funktionswissen zu beschränken. Auch wenn in der Tat die Frage, welcher praktische Nutzen aus dem hochschulischen Lernen resultiert, an Bedeutung gewonnen hat, ist dieser Vorwurf insgesamt unzutreffend. Eher ist das Gegenteil der Fall, denn es ist keineswegs das Wissen ganz bestimmter, eng an Praxisfeldern orientierter Dinge, das von einer zeitgemäßen Hochschulausbildung vermittelt werden soll.

Worum es schon alleine aufgrund der heutigen ökonomischen Entwicklung gehen muss, ist die Fähigkeit zu umfassenderem und eigenverantwortlichem Lernen. Irene Lischka hat dementsprechend formuliert, dass gerade qualifizierte Tätigkeiten sich zunehmend dadurch auszeichnen, dass zu ihrer Erfüllung »nicht vorrangig spezifisches berufliches Wissen erforderlich [sei], sondern vielmehr die Kompetenz zur eigenständigen Aneignung dieses spezifischen Wissens.«[7] Hierin liegt keineswegs eine Abkehr von alten Bildungstraditionen. Es ist mehr als eine oberflächliche Bezugnahme, wenn man sich hierdurch an Wilhelm von Humboldts Abneigung gegen eine eng auf die Erfordernisse der Arbeitswelt bezogene Ausbildung an der Hochschule erinnert fühlt und an seine Vorstellung von einem grenzenlosen Fortschreiten wissenschaftlicher Erkenntnis. Wissenschaft ist mit Humboldts Worten als »etwas noch nicht ganz Gefundenes und nie ganz Aufzufindendes zu betrachten, und unablässig als solche sie zu suchen«[8].

Das gilt in der heutigen Zeit in gleicher Weise. So wie Humboldt vor allem die geistige Flexibilität eines kritischen Geistes erhalten wollte, erfordert auch die heutige Wissensgesellschaft einen hohen Grad an Selbstständigkeit und an Bereitschaft, an die Grenzen des eigenen Wissens und darüber hinaus zu gehen. Dies gilt nicht nur im Bereich der Spitzenforschung, sondern auch dort, wo es primär das Alltagswissen ist, das sich ebenfalls mit beträchtlicher Geschwindigkeit fortentwickelt. Es ist gerade ein Charakteristikum der Wissensgesellschaft, dass es eben praktisch alle Lebensbereiche sind, die vom rasanten Erkenntnisfortschritt und der raschen Taktung der Innovationszyklen betroffen sind.[9] Auch deshalb ist es wichtig, dass die Studienstrukturreform neben der Reform von Inhalten und Methoden auch mehr Offenheit für lebenslanges Lernen schafft und größere Teile des gesellschaftlichen Potenzials an hochschulische Bildung heranführt.

Die Humboldtsche Tradition der Wertevermittlung und Erziehung durch Wissenschaft, nicht durch eine im engeren Sinne materiell aufgeladene erzieherische Anstrengung, führt auch dazu, dass heutige Studienprogramme nicht zuletzt darauf abzielen, weit mehr als die engen Bezüge fachlicher Disziplinen zu vermitteln. Die Fähigkeit zu eigenverantwortlichem und problemlösendem Handeln und die Orientierung nicht nur in einem Fach, sondern in interdisziplinär begriffenen Wissensfeldern gehört ebenso in diesen Zusammenhang wie die Bemühung, auch in technischen oder naturwissenschaftlichen Fächern umfassendere kulturelle und ethische Themen zu berücksichtigen. Das findet etwa dort Niederschlag, wo entsprechende interdisziplinäre Studienangebote entstehen oder wo das fachwissenschaftliche Studium durch allgemein bildende Bestandteile im Sinne eines Studiums fundamentale ergänzt wird. Zur fachwissenschaftlichen Ausbildung ist dies eine wichtige Ergänzung.

Wissenschaftlichkeit

Insoweit, als problemlösendes und eigenständiges Denken und Arbeiten als Ziel des Hochschulstudiums zu erkennen ist, geht es immer auch um das Erlernen der Grundfertigkeiten wissenschaftlichen Arbeitens. Der Bologna-Prozess zielt in Verbindung mit der Herstellung eines Europäischen Forschungsraumes einerseits auf die Steigerung der entsprechenden Leistungsfähigkeit Europas. Andererseits geht es aber auch darum, die entsprechenden Prinzipien sehr viel weiter in die Gesellschaft hineinzutragen, als es für die Wissenschaft im engeren Sinne erforderlich sein würde. Ein enger Bezug zur Vermittlung von Werten ist hier sehr deutlich erkennbar, und es ist besonders bemerkenswert – und passt wiederum zum Motiv der Internationalisierung –, dass im Bereich der Wissenschaft Werte und Normen universell gültig sind. So hat der damalige Präsident der Deutschen Forschungsgemeinschaft, der Germanist Wolfgang Frühwald, 1998 formuliert, wissenschaftliche Arbeit beruhe auf Grundprinzipien, die »in allen Ländern und in allen wissenschaftlichen Disziplinen gleich sind«.[10]

Trotz aller Effekte der Globalisierung wird man dies nicht über viele Teilsysteme sehr unterschiedlicher Gesellschaften sagen können. Aber in der Tat lebt durchgängig ein wissenschaftliches Ethos, das in der Regel auch allenfalls kurzzeitig von Profitinteressen oder nationalem Dünkel zurückgedrängt werden kann. Das Wissenschaftssystem reagiert dementsprechend scharf auf Verstöße gegen die entsprechenden Regeln, und zwar weltweit. Ein spektakulärer Fall wie der des deutschen Physikers Jan-Hendrik Schön, der 2002 in einem privatwirtschaftlichen Forschungslabor in den Vereinigten Staaten des Betrugs überführt wurde[11], zeigt dies ebenso, wie der Fall des jüngst von seiner Seouler Hochschule suspendierten südkoreanischen Klonforschers Hwang Woo Suk.[12] Deutlich wird daraus, dass eine funktionierende wissenschaftliche Selbstkontrolle existiert.

Im Wahrheitsstreben der Wissenschaft spiegeln sich verschiedene andere Werte, die für alle Gesellschaften von hoher Bedeutung sind. Als oberstes Prinzip hat Wolfgang Frühwald dementsprechend das der »Ehrlichkeit gegenüber sich selbst und anderen« identifiziert. In der Tat können viele andere wesentliche Merkmale »guter wissenschaftlicher Praxis« ausgehend vom Prinzip der Ehrlichkeit begründet werden. Zu nennen sind hier beispielsweise die auch von der Deutschen Forschungsgemeinschaft in einem entsprechenden Kodex zusammengefassten Anforderungen, »lege artis zu arbeiten, Resultate zu dokumentieren, alle Ergebnisse konsequent selbst anzuzweifeln, strikte Ehrlichkeit im Hinblick auf die Beiträge von Partnern, Konkurrenten und Vorgängern zu wahren«.[13]

Andere Prinzipien lassen sich aus dem Funktionsprinzip der Wissenschaft ebenfalls ableiten, wie etwa das der freien Meinungsäußerung oder das der Herrschaftsfreiheit des wissenschaftlichen Diskurses. Für die Richtigkeit und den Nutzen wissenschaftlicher Erkenntnis kann nicht entscheidend sein, von wem sie stammt oder wer sie zu bewerten hat. Herrschaftssysteme oder Gesellschaften, in denen diese Grundsätze nicht gelten, schaden sich selbst und desavouieren ihre eigenen Maßstäbe, wie es etwa das nationalsozialistische Regime getan hat, als es Wissenschaft durch rassische und politische Maßstäbe zu messen versucht hat.

Der Grad der Geltung der Prinzipien guter wissenschaftlicher Praxis ist hoch. Zahlreiche Hochschulen haben entsprechende Regelwerke geschaffen, die als Leitlinie des eigenen wissenschaftlichen Verhaltens maßgeblich sind. Auch hier sind es intersubjektive Prinzipien der Wissenschaftlichkeit, insbesondere das der Redlichkeit, die gewissermaßen als Grundnorm fungieren. Es geht dabei aber nicht nur um die Wahrung der Validität wissenschaftlicher Erkenntnis, sondern aus den Regeln guter wissenschaftlicher Praxis resultieren auch solche Leitsätze, die sich auf Prinzipien der Kooperation, der Fairness und insoweit also auch auf den Umgang mit anderen richten. So hat die Max-Planck-Gesellschaft in ihren »Rules of Good Scientific Practice« formuliert, dass die Behinderung der wissenschaftlichen Arbeit von Mitbewerbern (»Competitors«) als unstatthaft anzusehen ist und dass es wichtig sei, Kollegen und deren Arbeit sorgfältig und unvoreingenommen zu bewerten.[14] Insofern spiegelt das System der Ethik wissenschaftlicher Arbeit Grundprinzipien wider, die auch weit über den wissenschaftlichen Kontext hinaus von entscheidender Bedeutung sind oder sein sollten.

Das Training in wissenschaftlicher Arbeit, die Internationalisierung der Hochschulen und die Veränderung der Struktur des Hochschulstudiums leisten insofern auch für die Wertevermittlung sehr viel mehr, als man auf den ersten Blick vermuten würde. Auch ein oftmals durchaus kritisch wahrgenommener Reformprozess wie der so genannte Bologna-Prozess hat seine engen Bezüge zu zentralen Werten und Normen, die die Grundlage einer zukunftsfähigen Gesellschaft bilden. Es ist wichtig, auch diese Ebenen gegenwärtiger Reformen im Bildungsbereich zu sehen. Über bloßen Funktionalismus und die pragmatische Anpassung an veränderte Rahmenbedingungen weisen sie hinaus. – Und sie hängen eng zusammen mit den Werten, für die der mit diesem Buch Geehrte in besonderer Weise steht.

Anmerkungen

1 Der Europäische Hochschulraum – Gemeinsame Erklärung der Europäischen Bildungsminister vom 19. Juni 1999, Bologna.

2 Richard Münch: »Internationale Arbeitsteilung als Motor transnationaler Vergesellschaftung«. In: Ders.: *Offene Räume. Soziale Integration diesseits und jenseits des Nationalstaats.* Frankfurt/Main 2001. 151–178.

3 Richard Münch: »Der Prozess der europäischen Vergesellschaftung«. *Bamberger Beiträge zur Europaforschung und zur internationalen Politik* 1/2000. S. 19.

4 Ebd.: S. 7 f. und 11.

5 Ebd.: S. 8.

6 Entmaterialisierung und die Etablierung von Prozeduren entsprechen ganz generell liberalen ordnungspolitischen Vorstellungen. Dies gilt dann auch keineswegs nur für Fragen der wirtschaftspolitischen Konstitution der Gesellschaft, sondern auch für eine freiheitliche Verfassung im politischen Sinne. Aus historischer Perspektive liegt hier ein nicht unerheblicher Aufholbedarf der deutschen Verfassungs- und Rechtsordnung.

7 Irene Lischka: »Employability – veränderte Funktionen und Ziele von Hochschulbildung?« In: Armin Hopbach (Hrsg.): *Qualitätssicherung im Zuge des Bologna-Prozesses.* Bielefeld 2003. 82–92; S. 85.

8 Wilhelm von Humboldt: »Über die innere und äußere Organisation der höheren wissenschaftlichen Anstalten in Berlin« (1810). In: Ernst Anrich (Hrsg.): *Die Idee der deutschen Universität*, Darmstadt 1956. 376–386; S. 379.

9 Helmut Willke: »Wissensgesellschaft«. In: Georg Kneer, Armin Nassehi und Markus Schroer (Hrsg.): *Klassische Gesellschaftsbegriffe.* München 2001. 379–398; S. 388.

10 Wolfgang Frühwald: »Vorbemerkung«. In: Deutsche Forschungsgemeinschaft: *Empfehlungen der Kommission »Selbstkontrolle in der Wissenschaft«.* Bonn 1998.

11 Report of the investigation committee on the possibility of scientific misconduct in the work of Hendrik Schön and Coauthors. Lucent 2002. www.lucent.com/news_events/pdf/researchreview.pdf.
12 »Nationaluniversität suspendiert Klonforscher Hwang«. *Financial Times Deutschland* 10.2.2006. www.ftd.de/rd/46576.html.
13 A.a.O.
14 Max-Planck-Gesellschaft: Rules of Good Scientific Practice. München 24.11.2000.

ROLF SCHMIDT-HOLZ

Die Medien und die Werte

Wenn wir über Medien und Werte reden, müssen wir über Menschen reden. Über Musiker, Buchautoren, Regisseure, Sänger, Schauspieler, Journalisten oder Produzenten. Sie alle beeinflussen mit ihrer Arbeit unsere Meinungen, Einstellungen, Gefühle und Urteile. Es wäre bestimmt lohnend, im Rahmen dieses Themas die weltweiten Wirkungen von Literatur, Film oder Musik auf unser Wertegerüst zu untersuchen. Im Folgenden werde ich mich aber auf den Journalismus konzentrieren. Dass der deutsche Markt in dieser Betrachtung eine dominierende Rolle spielt, erklärt sich damit, dass ich als Journalist in Deutschland arbeite und dass Bertelsmann mit seinen Medienerzeugnissen hier einen Schwerpunkt sieht. Ich meine jedoch, dass die Aussagen, die ich treffe, zu globalisieren sind.

Erinnern Sie sich? Der Chefredakteur belügt und verrät seinen besten Freund, mischt sich ins Privatleben von Mitarbeitern ein, verhindert, wenn es der Zeitung dient, sogar Verlobungen und privates Glück. Der Mann – durchaus nicht ohne Charme – ist hart und zynisch, hinter jedem Rock her und hat Erfolg: Sein Blatt schlägt die Konkurrenz um Längen, und in seinen späteren Jahren, so steht es im Abspann des Billy-Wilder-Films »Extrablatt«, lehrt er an der Columbia-Universität »Ethik im Journalismus«. Was haben wir gelacht!

Und doch hat die Komödie mit Walter Matthau in der Rolle des abgebrühten Chefredakteurs und mit Jack Lemmon als herzensgutem Reporter einen ernsten Punkt getroffen: Journalismus kann gnadenlos zynisch und idealistisch zugleich sein. Und manchmal sorgt erst das Zusammenwirken von beidem dafür, dass das gemeinsame Ziel erreicht wird, das im Film darin bestand, einen drohenden Justizirrtum zu verhindern. Nebenbei wurde noch auf vergnügliche Weise klargestellt, dass ein guter Journalist nicht zwingend auch ein guter Mensch sein muss.

Ich kenne jedenfalls keinen Journalisten, der morgens aufwacht und sich fragt: Welche Werte kann ich heute vermitteln? Aber viele werden sich fragen: Wie kann ich heute die bestmögliche Zeitung, die bestmögliche Sendung machen? Das ist die Ethik der Journalisten: Informieren, versuchen, so nahe wie möglich an die Wahrheit zu kommen, und orientieren. Dies gut gemacht, interessant und manchmal auch vergnüglich geschrieben, in jedem Fall so präsentiert, dass die Leute, die lesen, hören oder sehen, etwas zusätzlich gelernt oder verstanden haben über Gott und die Welt, Allah und den Islam, Deutschland und die Rente – dann haben Journalisten ihre Pflicht getan, und die Leser, Hörer oder Zuschauer haben ihr Recht bekommen. Aufklärung ist die Basis jedes Werte-Systems. Nur wer weiß, nur wer klar sieht, kann Werte erkennen und damit auch die Verstöße gegen sie.

Journalismus als Katalysator der Demokratie

So gesehen ist Qualität im Journalismus ein Wert an sich. Voraussetzung für alles, was Journalismus für eine Gesellschaft »wertvoll« macht, auch im Sinne des Grundgesetzes, dessen Artikel 5 die Freiheit der Presse garantiert. Für dieses Privileg schulden die Macher der Medien der Gesellschaft und ihren Menschen ein möglichst genaues Abbild der Wirklichkeit und die Annahme der vom Grundgesetz zugedachten Rolle. Dieser wird der Journalismus am besten dadurch gerecht, dass er seine Kraft, sein Wissen und sein Wollen so einsetzt, dass er zum aktiven Teil jenes Check-and-Ballances-Systems wird, das Voraussetzung für das Funktionieren von Gewaltenteilung und damit für Demokratie ist. Wer also im Journalismus überhaupt eine Chance haben will, Werte zu vermitteln, muss diese Werte verkörpern.

Die Bedingungen, unter denen Qualität organisiert wurde, hatten in Deutschland in der Vergangenheit konkrete Namen: Ohne Henri Nannen hätte es den »stern«, nicht gegeben, ohne Rudolf Augstein nicht den »Spiegel«, ohne Gerd Bucerius nicht »Die Zeit«, ohne Hans Dürrmeier und Werner Friedmann nicht die »Süddeutsche Zeitung«, ohne Axel Eggebrecht nicht den NDR, ohne Axel Springer nicht »Die Welt« und die »Bild-Zeitung«, unter der er dann zeitweise litt »wie ein Hund«, weil er sich schon bald im Widerspruch fand zwischen seinen eigenen Ansprüchen und den Anforderungen des wirtschaftlichen Erfolges, die über die publizistischen Maximen hinweggaloppierten wie eine Kavallerieabteilung über den Töpfermarkt.

Die Gründergeneration kam mit verstörenden Erlebnissen, mit Blessuren und nicht selten auch mit dem Gefühl, versagt zu haben, aus dem Krieg in ein Land zurück, das alles neu und besser machen wollte. Damals waren Zeitschriften mehr als Konsumartikel. »Stern«, »Spiegel« und »Zeit« waren die Denk- und Meinungsschmieden der 60er und 70er Jahre. Sie standen für politische Strömungen und gesellschaftliche Werte. Die Macher und ihre Leser fühlten sich durch ihre gemeinsame Geschichte verbunden, die sie aus der Nazidiktatur in die

Demokratie führte, die ihr Verständnis von Meinungsfreiheit prägte und den Medien die Rolle eines Wächters einräumte, der sofort Alarm schlagen sollte, wenn Gefahr drohte. Ist es vermessen, an diese Ära wieder anknüpfen zu wollen? Noch ist der Mythos nicht verblasst, der aus jener Zeit herrührt. Und Magazine, die erstklassigen Journalismus bieten, der Sinn stiftet, Orientierung gibt, sich zu Werten bekennt und sie vermittelt, werden dringend gebraucht.

Wer über Medien und Werte redet, muss also auch über Strukturen reden, über die Logik der Ökonomie, denen natürlich auch Zeitungen, Magazine oder Sender unterworfen sind, die im harten Wettbewerb Gewinne, Auflage und Quoten machen müssen, wenn sie ihrem oben geschilderten Auftrag nachkommen wollen. Es ist also so, dass auch das Ideelle eine materielle Basis braucht und nur der ökonomische Erfolg die Freiheit und Unabhängigkeit garantiert, die notwendig sind, um Versuche der Einflussnahme und der Manipulation abzuwehren. Am Beispiel der »Bild«-Zeitung lässt sich studieren, wie sich mit zunehmendem ökonomischem Erfolg die daraus resultierende Unabhängigkeit schließlich zur publizistischen Macht wandelt, die umso mehr Verantwortung verlangt, je größer sie wird. Dass Axel Springer manches Mal über sein eigenes Produkt erschrak, mag auch daran gelegen haben, dass er diese Verantwortung im einen oder anderen Fall vermisste.

Umgekehrt kann publizistische Unabhängigkeit unter ökonomischem Druck verdampfen wie Wasser im Kesselhaus. Was für eine Schmach, wenn sich eine große deutsche Tageszeitung von einer Partei oder einer Regierung alimentieren lassen muss! Und was für eine Schmach, wenn sich Verlag und Chefredakteure den unsittlichen Wünschen von Anzeigenkunden beugen oder aus Kostengründen von Lobbyisten vorgefertigte

Artikel abdrucken! Glaubwürdigkeit ist im Qualitäts-Geschäft das höchste Gut. Wer sie verliert, hat schon verloren.

Wenn man nun eine Antwort auf die Frage sucht, wie Glaubwürdigkeit vermittelt wird, ist es vielleicht nützlich, noch einmal auf die oben genannten Männer zurückzukommen, die Journalisten und Verleger zugleich waren. Was vermissen wir heute über ihre Person hinaus? Herbert Riehl-Heyse, der allzu früh verstorbene Publizist der »Süddeutschen Zeitung«, hatte mit ihnen allen gesprochen und festgestellt: »Bemerkenswert fand ich, dass so gut wie keiner meiner Gesprächspartner zu Beginn seiner Karriere etwas von Buchhaltung und Marktstrategien, von Reichweiten und Media-Analysen verstanden hat. Mehr noch: Es scheint sie nicht einmal interessiert zu haben.« Sie lernten erst Journalismus, dann das Geschäft.

Dass sich diese Entwicklung umgekehrt hat, dass nicht nur Verlagsleiter, sondern sogar Chefredakteure zunehmend aus den Verwaltungsetagen kommen, hat möglicherweise damit zu tun, dass alles so kompliziert geworden ist und hart. Und weil ein Nannen oder ein Augstein zwar Jahrhundertfiguren sind im Journalismus, aber dennoch nur aus ihrer Zeit erklärbar, die in ihren Anfängen eben kein Internet kannte, keine Digitalisierung des Marktes, keine Dominanz des Fernsehens mit unzähligen Kanälen. Um sich am Markt durchzuboxen, genügen schon lange nicht mehr nur eine gute Redaktion, eine gute Druckerei und ein guter Vertrieb. Es braucht seit geraumer Zeit immer neue Ideen und Strategien, um in einem immens gewachsenen Wettbewerber-Umfeld bestehen zu können. Dies alles und der durch einbrechende Werbeerlöse und sinkende Auflagen verursachte Sparzwang führten dazu, dass das zuvor einigermaßen austarierte Gleichgewicht zwischen den Kaufleuten im Verlag und den Journalisten in den Redaktionen ins

Wanken kam und schließlich zugunsten der Verlagsmanager verschoben wurde.

Das »innere Geländer«

Es waren andere Zeiten, es ging überall aufwärts, und das Verlags-Management war vielleicht schon deshalb einfacher, weil es Media-Analysen oder Marktforschung noch gar nicht gab. Aber eines bleibt in jedem Fall festzuhalten: Die Gründergeneration war faszinierend, weil sie Haltung hatte, klare Standpunkte und deutliche Meinung. Sie hatten das, was man »inneres Geländer« nennen könnte, einen Halt, der – bei aller Unterschiedlichkeit der Charaktere, politischen Ansichten und Temperamente – tief verwurzelt war in dem Willen, alles publizistisch Mögliche zu tun, die Wiederholung einer Diktatur und eines Krieges zu verhindern, den diese Generation gerade erlebt hatte.

Glaubwürdigkeit speist sich übrigens auch aus der Unterscheidbarkeit, aus der kraftvollen Präsentation unterschiedlicher Standpunkte. Selten waren Springer auf der einen, Nannen und Augstein auf der anderen Seite einer Meinung, und man hatte keine Scheu, sich gegenseitig anzugreifen und in Frage zu stellen. Die Fronten waren klar, und in diesen Zeiten der großen Unterschiede entzündete die Reibung manchen zusätzlichen journalistischen Funken. Aber vielleicht sind die Jahre der politischen Grabenkämpfe ja wirklich vorbei, und Verlage wie Chefredakteure gleichen ihre Programme, Inhalte und Meinungen einander an wie die Parteien ihre Politiken. Das wäre dann wohl der Tatsache geschuldet, dass die Gegenwart unübersichtlicher ist als die Vergangenheit und zum Beispiel die Frage, wie heute die Globalisierung und die damit verbundene Arbeitslosigkeit zu bewältigen sei, sehr viel schwerer zu beantworten ist als die, ob die damalige Ostpolitik Brandts im Interesse Deutschlands gewesen ist. Abgesehen davon, dass man im Nachhinein eh immer klüger ist.

Zur Wahrheit gehört auch, dass den Größen der Vergangenheit – wie könnte es auch anders sein – gravierende Fehler unterliefen. Henri Nannen mit den »Hitler-Tagebüchern« der schlimmste. Dass er damals – als Herausgeber des »stern« nur mittelbar mit der Sache befasst – zusammen mit dem Verlagschef, seinen Chefredakteuren und renommierten Ressortleitern einer Fälschung aufsitzen konnte, ist auf Umstände zurückzuführen, die man in dieser selbstbewussten und erfolgverwöhnten Redaktion aber auch in dem hoch professionellen Verlagshaus nicht vermutet hätte: Die »innere Revision« funktionierte nicht, journalistische Skepsis wurde verdrängt. Es war so, als hätten sich längst überwunden geglaubte Verhaltensmuster aus der Zeit des vermeintlichen Tagebuchschreibers in eine bislang kritische, aufgeklärte Redaktion eingeschlichen: Es regierte das Prinzip Befehl – Gehorsam, aus Redakteuren wurden Gefolgsleute, die auf den Markt gezielten Eroberungsgelüste und das durch viele journalistische Erfolge hervorgerufene Gefühl der Unbesiegbarkeit schalteten den Verstand aus, mancher wagte sein Unbehagen nicht zu formulieren, mancher lief mit, die meisten wussten von nichts oder gaben vor, von nichts zu wissen. Weil so alle Sicherungen durchbrannten, kam es zur Katastrophe. Es spricht für die Größe Henri Nannens, dass er, den von allen Beteiligten die geringste Schuld traf, später zugab: »Ich habe journalistisch und politisch völlig versagt.«

Nüchternheit und Mut als journalistische Tugenden

Qualität braucht Nüchternheit. Sie ist nur zu gewährleisten, wenn die innere Verfasstheit eines Medienhauses stimmt. Wenn Verlagsmanager gerade auch in schwierigen Phasen die Mittel bereitstellen, die dazu notwendig sind. Und wenn Journalisten, die mit diesem Privileg arbeiten, das Beste daraus machen, was auch darin bestehen kann, Distanz vor allem zu sich selbst zu halten. Ich weiß um die Versuchungen der Macht und um die Kraft, die es braucht, nicht schwach zu werden, wenn der Kanzler, die Kanzlerin oder der Chef eines großen Konzerns mit schmeichelnden Worten den Artikel lobt, auf den man ja schon selbst so stolz ist. Ich kenne die Versuchung, sich »Trends« anzuschließen oder vermeintlich höheren Einsichten. Hanns-Joachim Friedrichs hat einmal gesagt, dass man einen guten Journalisten daran erkennt, »dass er sich nicht gemein macht mit einer Sache, auch nicht mit einer guten Sache«. Treffender kann man es nicht ausdrücken, und es ist Aufgabe des Journalisten, gerade dort, wo andere aus so genannten übergeordneten Gründen gerne den Mantel des Schweigens ausbreiten würden, weiter zu recherchierten, zu informieren und – wenn nötig – Kritik zu üben. Die Beschimpfung »Nestbeschmutzer« ist dann zu tragen wie einen Ehrentitel. Ich empfehle in solchen Fällen als Antwort den Satz von Karl Kraus: »Ich bin ein Vogel, den sein Nest beschmutzt.«

Qualität hat auch mit Wahrheit zu tun. Der große alte Mann des europäischen Journalismus, der polnische Autor Ryszard Kapuscinski, hat in einem aufrüttelnden Aufsatz (FAZ vom 13. Februar 1999) eine bittere Bilanz gezogen: »Vor langer Zeit wurde der Wert einer Information daran gemessen, wie schwierig es war, die Wahrheit zu suchen und herauszufinden.« Heute bemesse sich der Wert einer Information nicht an ihrer

Wahrheit, sondern an ihrer Attraktivität. Sie müsse sich vor allem gut verkaufen. Die wahrhaftigste Information habe keinen Wert, sofern sie nicht attraktiv sei und entsprechende Anziehungskraft auf ein zunehmend gelangweiltes und launisches Publikum auszuüben vermöge.

Qualität braucht Mut. Auch heute noch, wenn es zum Glück auch nicht mehr um Leben und Tod geht. Aber mutig bleibt es schon, sich mit Regierungs- oder Konzernzentralen anzulegen, Verfehlungen aufzudecken und trotz Klage- und Schadenersatzdrohungen auch zu veröffentlichen oder zu senden. Darin besteht das viel zitierte »Wächteramt« der Medien: Ohne Ansehen der Person recherchieren, der Macht misstrauen, so gesehen soziale Kontrolle ausüben, was übrigens durchaus auch präventive Wirkung hat. Ich behaupte, dass die Angst, von den Medien entdeckt zu werden, in manchem Konzern, in mancher Regierungszentrale und in mancher Gewerkschaft so manches Mal ein Abgleiten in Amoralität oder gar Kriminalität verhindert hat. Aber damit kein Missverständnis aufkommt: Die Medien sind keine moralischen Anstalten. Sie sind nicht dazu da, ethische Aufrüstung bei ihren Zuschauern zu betreiben, ihre Leser zu missionieren. Propaganda sollte den Propagandisten überlassen bleiben, selbst wenn es um eine gute Sache geht, um es noch einmal mit Hajo Friedrichs zu sagen. Wie zum Beispiel um Toleranz, Gedanken- und Meinungsfreiheit, die für mich die höchsten Werte darstellen, weil sie nicht interpretierbar sind und Voraussetzung für die Arbeit aller Journalisten. Und nicht nur für diese, weshalb man Toleranz, Gedanken- und Meinungsfreiheit auch getrost anführen kann, falls man einmal – wie ich kürzlich – in die Verlegenheit kommt, von einem Muslim danach gefragt zu werden, was denn eigentlich »die Werte des Westens« seien. Man muss ja nicht gleich dazu sagen, dass diese tagtäglich verteidigt und geschützt werden müssen.

So berechtigt und einhellig zum Beispiel die Kritik an der weltweiten und wahnwitzigen Wut war, die einige Mohammed-Karikaturen einer dänischen Zeitung bei Hunderttausenden Muslimen auslösten – mir gibt es doch zu denken, wie sehr sich auch jene für die Pressefreiheit in die Bresche warfen, die diese Freiheit in ihrer täglichen Arbeit allzu oft strapazieren. Es gibt sie dutzendweise, die Opfer der hiesigen Medienspektakel. An den Prangern der Moderne landen meist die Wehrlosen, die Kleinen und die Schutzlosen. Menschen aus den unteren Milieus der Gesellschaft.

Journalistische Qualität als Voraussetzung der Werte-Vermittlung

Wenn man die journalistische Qualität als Maßstab zur Beurteilung der Lage der Medien nimmt, stellt man fest, dass sich die Situation in den letzten 30 Jahren nicht grundlegend geändert hat: schon immer stand High-Level gegen Low-Level. Allerdings ist in dieser Zeit das Angebot an Low-Level in Presse, Funk und Fernsehen so exorbitant gestiegen, dass man sich schon fragt, ob die Nachfrage nach Seichtem dieses Überangebot hervorgerufen oder ob sich das Seichte die Nachfrage durch Überschwemmung des Marktes selbst geschaffen hat. Die Antwort ist schwer zu geben, aber es kann kein Zufall sein, dass sich der Triumph des TV-Trashs zeitlich dem Ansteigen der Arbeitslosenzahlen, dem Verfall der Familien und des Bildungssystems und der sich daraus ergebenden Orientierungslosigkeit und Zerstreuungssucht zuordnen lässt. So spiegelt sich in den Medien die zunehmende Aufteilung der Gesellschaft in Teilhabende und Wissende auf der einen und in Aussenstehende, Unwissende oder Nicht-Wissen-Wollende auf der anderen Seite wider. Die Medien verstärken diese Trennung. Denn so, wie sie nun einmal sind, kann man sich sehr viel klüger mit ihnen machen, aber auch sehr viel dümmer. Der Politiker, Journalist und Medienwissenschaftler Peter Glotz schätzte schon vor Jahren, dass sich etwa zwei Drittel dümmer machen. Was das für eine Gesellschaft bedeutet, die nur einen Rohstoff hat, nämlich Wissen, kann sich jeder ausmalen.

Werte? Jedes Medium schafft sie, und je weiter es sich von Qualitäts-Standards entfernt, desto schlechtere. Welchen Schluss soll ein junger Mensch zum Beispiel daraus ziehen, dass ganz offensichtlich unmündige, zu sozialen Minderheiten gehörende Frauen, Männer und Jugendliche in all ihrer Schutzlosigkeit und – es gibt kein anderes Wort dafür – Beschränktheit in so genannten Talk-Shows Nachmittag für Nachmittag dem Fernsehpublikum präsentiert werden, außer dem vielleicht, dass hier die Würde des Menschen eklatant verletzt wird, was aber niemanden zu stören scheint? Die Verwilderung der Sitten lässt sich auch am anderen Ende der Wohlstandsskala ablesen, in den Politik- und Wirtschaftsteilen der Zeitungen, in denen das Versagen der gesellschaftlichen Elite dokumentiert ist: Konzernmanager, die Bilanzen fälschen, Politiker, die Nebeneinkommen ohne Gegenleistung beziehen, Betriebsräte, die auf Kosten ihres Konzerns Ausflüge ins Rotlicht-Milieu unternehmen. Es sind solche traurigen medialen Reflexionen einer vermutlich noch traurigeren Wirklichkeit, die als Gegenbewegung eine starke Sehnsucht nach einer neuen Bürgerlichkeit, nach Normen wie gutes Benehmen, Höflichkeit, Pünktlichkeit, Treue oder Disziplin hervorgerufen haben und die Parteien dazu bringen, »Werte-Kongresse« abzuhalten, um in einer Welt, in der sich alles Gewohnte aufzulösen scheint, selbst ein bisschen Halt zu finden.

Guter Journalismus hat die Aufgabe, dies alles zu beobachten und Hintergründe aufzuhellen. Zum Beispiel mit der Fragestellung, wieso die Werte-Diskussion just zu einem Zeitpunkt geführt wird, da dem Staat das Geld ausgeht und Millionen Menschen in finanzielle Not geraten sind, und ob nun das Ideelle dazu herhalten soll, das Materielle zu ersetzen. Wenn es so ist, wird sich der Erfolg in Grenzen halten, weil sich die vertrauten Verhaltens- und Einstellungsmuster in den vielen Jahren zuvor tief in die Psyche der Menschen eingegraben haben. Zumal bei den Deutschen, die nach der Niederlage von 1945 aus dem Ideellen, das ja gerade grausam missbraucht worden war, fast schon panisch ins Materielle geflohen waren. Journalismus hat das damals nicht verhindern können, und es wäre viel – wahrscheinlich zu viel – von ihm verlangt, wenn er heute die Werte wiederherstellen sollte, die uns über die Jahre und unter dem Druck der Umstände abhanden gekommen sind. Es wäre – wie gesagt – auch nicht seine Aufgabe, zumal viele Werte interpretierbar und damit zum Missbrauch geeignet sind. Als Beispiel nenne ich den Patriotismus, in dem wir Deutsche einmal weltweit führend waren – mit den bekannten Ergebnissen.

Was also ist gemeint, wenn man, wie die »Bild«-Zeitung im Frühjahr dieses Jahres, darüber klagt, dass es in Deutschland nicht genügend Patriotismus gibt? Das Blatt zitierte eine »Schock-Studie«, aus der hervorging, dass Deutschland in Sachen Nationalstolz von 33 Ländern an letzter Stelle steht. Hätten wir uns freuen sollen oder erschrecken müssen, wenn Deutschland Platz eins im Patriotismus-Ranking errungen hätte? Den ersten Platz haben laut Umfrage die USA. Und was bedeutet das? Gutes? Schlechtes? Gar nichts? Jedenfalls bedeutet es, dass es schillernde Werte gibt wie patriotisch, solidarisch, oder loyal, bei denen man als Journalist lieber erst mal nachfragt, wer nun aus welchen Gründen diese Werte einfordert und was er darunter versteht. Und ob mit diesen Werten nicht ausgerechnet der Wert aller Werte ausgehebelt werden soll, der für die Medien und eine freie Gesellschaft überlebenswichtig ist: die Meinungsfreiheit.

In Zeiten des Krieges, des Kampfes der Kulturen und des Terrorismus ist diese Gefahr besonders groß. Der amerikanische Journalist Seymour Hersh, Star des investigativen Journalismus, hat für sein Land jüngst festgestellt: »Wir sind an einem Punkt angelangt, an dem bestimmte Kreise dich ganz wunderbar finden, solange du ihre Pläne unterstützt. Wenn du allerdings anderer Meinung bist, bist du nicht nur Andersdenkender, sondern ein Verräter.«

So weit kann es für einen guten Journalisten kommen: Dass er sich in der Auseinandersetzung mit der eigenen Regierung eine Tapferkeitsmedaille verdient. Ich bin mit Seymour Hersh einer Meinung: Auch der Kampf gegen den Terrorismus kann nicht Aufgabe der Medien sein. Dafür gibt es Militär, Geheimdienste und Polizei. Vielmehr müssen Journalisten darauf achten, dass in diesem Kampf nicht ausgerechnet jene Werte verraten werden, deretwegen dieser angeblich Kampf geführt wird. Guantanamo und Abu Graib – nichts hat die Glaubwürdigkeit der westlichen Wertegemeinschaft nachhaltiger erschüttert als die Einkerkerung von Menschen ohne Gerichtsverfahren oder gar ihre Folterung. Das kann Journalismus nicht verhindern, aber er muss dazu beitragen, unsere Werte zu schützen, indem er Verstöße gegen sie aufdeckt. Mehr kann er nicht tun.

Werte lassen sich nicht verdrängen. Damit sie sich entfalten können, muss Freiheit herrschen. Nur dann hat auch der Journalismus eine Chance, Werte zu schaffen. Werte, die ich meine: Toleranz, Gedanken- und Meinungsfreiheit.

BRIGITTE MOHN

Die gesellschaftliche Rolle von Stiftungen

Der Eigenwert des gemeinnützigen Stiftungshandelns

Stiftungen sind Ausdruck verantwortlich wahrgenommener Privatautonomie der Bürger unserer Gesellschaft. Sie sind ein nachhaltig organisierter und finanzierter Ausdruck der Freiwilligkeit, mit der sich Bürgerinnen und Bürger für ihr Gemeinwesen engagieren. Deshalb sollten sich Stiftungen nicht als Lückenbüßer dafür begreifen, was der Markt nicht profitabel erledigen oder der Staat politisch nicht durchsetzen kann. Stiftungen tragen nicht nur zum Erbringen von Leistungen bei, sondern wirken maßgeblich an der Gestaltung moderner Gesellschaften mit. Bürgerinnen und Bürger stiften oder engagieren sich mit Herzblut, Zeit und Geld, weil sie gemeinsam mit anderen ihre Wertvorstellungen in gelebte Praxis umsetzen wollen. Nicht zuletzt deshalb verankerte die Stiftungsrechtsreform in Deutschland 2002 ein Recht auf Stiftungsgründung als Ausdruck der grundgesetzlich geschützten Privatautonomie im bürgerlichen Gesetzbuch (BGB, §§ 80–88)

Die gesellschaftliche Integrationswirkung gemeinnützigen Handelns im Dritten Sektor und insbesondere im Stiftungswesen beruht darauf, dass der Stifterwille die strategische Ausrichtung der Stiftung bestimmt, die gewünschte gesellschaftliche Wirkung jedoch in aller Regel nur gemeinsam mit zahlreichen anderen Akteuren erreicht werden kann. Gemeinnützige Organisationen zeichnen sich in ihrem Wirken durch Solidarität und Freiwilligkeit aus. Erst diese besonderen Merkmale, die sich in freiwilligem Engagement, in Geld- und Sachspenden sowie in der ideellen Unterstützung von Werten und Zielen ausdrücken, tragen zu dem Sozialkapital bei, das moderne Gesellschaften zusammenhält.

Die finanziellen Mittel von Stiftungen sind im Verhältnis zu den zu lösenden gesellschaftlichen Herausforderungen sehr begrenzt. »Stiften« heißt deshalb nach Hebeln suchen, um gezielt auf die Entwicklung der Gesellschaft oder die Förderung einzelner Themen einzuwirken. Das ist eine Aufgabe, die in der gesellschaftlichen Auseinandersetzung stattfindet. Der Erfolg einer Stiftung muss deshalb an zahlreichen Faktoren gemessen werden: an der ertragsstarken Verwaltung des Stiftungskapitals, dem effektiven Erfüllen der in der Satzung festgelegten Stiftungszwecke, der fokussierten Strategiebildung, der effizienten und effektiven Projektsteuerung und schließlich der Legitimation in der Öffentlichkeit. Vermögensverwaltung, Satzungsverwirklichung im Sinne des Stifterwillens und Wahrung des öffentlichen Interesses bilden eine unauflösbare Einheit.

Der Stiftungssektor – ein Boomsektor?

Stiftungen haben nicht nur in Deutschland Konjunktur. Insbesondere in Italien, Spanien, der Türkei und Portugal sind in den letzten 20 Jahren viele Stiftungen errichtet worden. Eindrucksvoll ist etwa die Tatsache, dass in Portugal 56 Prozent aller heute bestehenden Stiftungen erst nach 1980 gegründet wurden. Deutschland gehört mit Großbritannien, Finnland, Griechenland und der Schweiz zu den Ländern mit mittleren Zuwachsraten im Stiftungssektor.[1] Die Tendenz ist dabei jedoch gerade in Deutschland steigend: So wurde nach mehreren Jahren mit Rekordzahlen für neu gegründete Stiftungen im Jahr 2005 mit 880 Gründungen bürgerlich-rechtlicher Stiftungen ein weiterer Höhepunkt erreicht.

Die Zahl deutscher bürgerlich-rechtlicher Stiftungen beträgt damit 13 490, von denen mehr als 4800 – und damit mehr als ein Drittel – in den letzten fünf Jahren gegründet worden sind.[2] Zum Vergleich: Die Zahl der Stiftungen im »Stiftungsparadies« USA, einer etwa fünfmal so großen Volkswirtschaft, liegt bei rund 70 000, sodass Deutschland in Relation eine vergleichbare Zahl an Stiftungen hat. Allerdings verfügen die deutschen Stiftungen längst nicht über dieselbe Größenordnung an Kapital und jährlichen Ausschüttungen: Nach Daten des Bundesverbandes Deutscher Stiftungen betrug das Ausgabenvolumen deutscher Stiftungen im Jahr 2004 rund 15 Milliarden Euro.[3] Die Vergleichszahl für die USA liegt bei 32,4 Milliarden US-Dollar im Stiftungssektor.[4] Die Tendenz ist dabei jedoch gerade in Deutschland steigend: So wurde nach mehreren Jahren mit Rekordzahlen für neu gegründete Stiftungen im Jahr 2005 mit 880 Gründungen bürgerlich-rechtlicher Stiftungen ein weiterer Höhepunkt erreicht.

Eine prägende Eigenschaft des deutschen wie auch des amerikanischen Stiftungssektors ist die große Zahl kleiner Stiftungen. 69,9 Prozent der deutschen Stiftungen verfügen über ein Stiftungskapital von weniger als einer Million Euro, und entsprechend arbeiten zwei Drittel aller Stiftungen mit Ausgaben von unter 100 000 Euro pro Jahr.[5]

Inhaltlich liegt der Schwerpunkt deutscher Stiftungstätigkeit auf der Zweckerfüllung Soziales (34,2 Prozent), gefolgt von den ungefähr gleich wichtigen Zwecken Wissenschaft und Forschung, Bildung und Erziehung sowie Kunst und Kultur (je 13,6 bzw. 13,9 Prozent). Umweltfragen spielen nur für 3,5 Prozent der Stiftungen eine Rolle, alle übrigen Zwecke sind an ganz individuellen, persönlichen Interessen orientiert und stellen insgesamt einen Anteil von 15,4 Prozent. 5,9 Prozent der erfassten deutschen Stiftungen verfolgen private Zwecke und arbeiten als so genannte Familienstiftungen.[6]

Das Potenzial für weiteres kräftiges Wachstum des Stiftungssektors ist groß und liegt in der Vererbung der Vermögen von der Nachkriegsgeneration auf ihre Kinder begründet. Von 2001 bis 2010 wird ein Erbschaftsvolumen von zwei Billionen Euro transferiert. Etwa 730 000 Millionäre leben in Deutschland, und auf der Forbes-Liste der weltweit reichsten Menschen finden sich 45 deutsche Milliardäre.[7] Menschen zu überzeugen in das Gemeinwohl zu investieren und als sozialer Unternehmer tätig zu werden, wird nicht zuletzt vor diesem Hintergrund ein zentrales Ziel für den Stiftungssektor sein müssen.

Stifterwerte und Differenzierung der Investitionsformen

Der alte Grundsatz der Unternehmensorganisation »structure follows strategy« hat auch im gemeinnützigen Handeln Gültigkeit: Stifterinnen und Stifter gründen Stiftungen als Darstellung ihres autonomen Willens, der sich in der Satzung widerspiegelt, und verstehen ihren Beitrag für das soziale Engagement als Investition in ein Anliegen. Stifter wollen gestalten und zu gesellschaftlichen Problemlösungen oder Veränderungen beitragen.[8] Der Erfahrungshintergrund des Unternehmers oder wenigstens die Abstammung aus einer Unternehmerfamilie sind prägend für die weit überwiegende Zahl der Beteiligten. Im Zuge neuer wirtschaftlicher Entwicklungen – dazu gehört auch der Start-up-Boom der späten 90er Jahre des vorigen Jahrhunderts – werden die Stifter jünger und handeln häufig zu Lebzeiten.

Die internationale Erfahrung hat gezeigt, dass Stifter in den letzten Jahren zu zahlreichen organisatorischen Innovationen beigetragen haben. Sie reichen von dem Erfolgsmodell der Bürgerstiftung, die ein lokales bürgerschaftliches Engagement bündelt, bis hin zu den revitalisierten kirchlichen Stiftungsgründungen.

Public Private Partnerships erfreuen sich immer größerer Beliebtheit, denn von ihnen profitiert sowohl die öffentliche als auch die private Seite. Wissen wird zusammengeführt, Synergien werden erzielt und zusätzliche Einnahmequellen erschlossen. Sowohl öffentliche als auch private Akteure profitieren von diesen langfristig institutionalisierten sektorübergreifenden Kooperationen. Corporate Citizenship ist eine andere Form der sektorenübergreifenden Zusammenarbeit: Ein Unternehmen investiert in sein gesellschaftliches Umfeld mit Gewinn für mehrere Seiten.

Venture-Philanthropy-Ansätze, die Konzepte aus dem Bereich des Venture-Capital-Marktes auf gemeinnützige Investitionen zu übertragen suchen, gehören ebenso zu den innovativen neuen Stiftungsformen wie die Umwandlung vormals öffentlicher Einrichtungen der Hochschulen oder Museen in Stiftungen. Bei all diesen Innovationen zeigt sich, dass sie dann erfolgreich im Markt des Stiftens agieren, wenn sie die Wertvorstellungen moderner Stifter angemessen berücksichtigen. Oft handeln sie zunächst zurückhaltend, prüfen erst den Erfolg ihrer Stifterarbeit und bauen später Schritt für Schritt dieses für sie neue Tätigkeitsfeld auf. 53 Prozent der Stifter sind sicher, dass sie ihre Stiftung noch zu Lebzeiten aufstocken werden, weitere 44 Prozent verfügen, dass erst nach ihrem Tod das

Vermögen an die Stiftung fällt.[9] Während Stiftungen früher erst aus einer Verfügung von Todes wegen entstanden, ist das Stiften heutzutage zum Schritt in eine zweite Karriere geworden[10] – ungefähr 40 Prozent aller Stifterinnen und Stifter sind zum Zeitpunkt ihrer Stiftungsgründung 60 Jahre oder jünger.[11]

Globale Trends als Aufgaben und Herausforderungen für den Nonprofit-Sektor

Die Gewichte zwischen privaten Akteuren in der Gesellschaft, dem Staat sowie dem Dritten Sektor verschieben sich. Öffentlich finanzierte Aufgaben, wirtschaftliches Handeln am Markt und gemeinnütziges Agieren im Dritten Sektor müssen sich neu aufeinander beziehen, denn

- bei der Produktion öffentlicher Güter und der Bereitstellung seiner Leistungen ist der Staat nicht nur unter Effizienzdruck geraten, sondern seine Effektivität wird zunehmend in Frage gestellt.
- von den Unternehmen wird ein stärkeres soziales Engagement erwartet.
- der Dritte Sektor wird angesichts veränderter Bedingungen im öffentlichen Sozialwesen, vor allem durch die zunehmenden Leistungs- und Mittelkürzungen, mit der Erwartung wachsender Effizienz und Effektivität konfrontiert.

Sicherlich sind dies wesentliche Veränderungen der strukturellen Voraussetzungen für Innovationen und Wettbewerb für die Schaffung von Lösungsansätzen für gesellschaftliche Probleme. Langfristig werden die wichtigsten gesellschaftlichen Innovationen an den Schnittstellen dieser drei Sektoren stattfinden, denn hier lassen sich die Stärken der einzelnen Sektoren am besten miteinander verbinden.

Konkret bedeutet dies als Herausforderung für Stiftungen, dass sie ihr Handeln an drei umfassenden globalen Trends ausrichten müssen: der Privatisierung, der globalen Interdependenz und der Beschleunigung.[12]

Der globale Trend zur Privatisierung lässt sich vor allem daran ablesen, dass sowohl die Unternehmen als auch Privatpersonen über weit größere Ressourcen verfügen als die öffentliche Hand. Der Szenariobericht des International Monitor Institutes veranschaulicht dies an einigen Daten:[13]

- Zu den hundert größten Budgets weltweit zählten 2003 nur 24 Staatshaushalte (gemessen an den Haushaltseinnahmen), aber 76 Unternehmen, gemessen am Jahresumsatz.
- Das gesamte Nettovermögen der 400 reichsten Amerikaner betrug der Forbes-Liste zufolge eine Billion US-Dollar.
- Von den Kapitalströmen in die Entwicklungsländer stammten 1970 70 Prozent aus öffentlichen Haushalten, 30 Prozent aus dem privaten Sektor. 2003 hatte sich das Verhältnis umgekehrt und betrug 80 (privater Sektor) zu 20 Prozent (öffentliche Mittel).
- Ein Unternehmen wie Wal-Mart liegt auf Rang 6 der weltweit größten Budgets, nur übertroffen von den Staatshaushalten der USA, Deutschlands, Großbritanniens, Italiens und Japans.

Die globale Interdependenz lässt sich an aktuellen Phänomenen wie den offensichtlichen Wechselwirkungen zwischen Bevölkerungszunahme, Migration, Bildungs- und Gesundheitsstatus der Bevölkerung und der Wertschöpfung der Wirtschaftsräume ablesen. Sie wirken sich international aus und können nur durch eine globale Suche nach politischen Antworten und wissenschaftlichen Lösungen beantwortet werden.

Den dritten Trend der Beschleunigung kennen wir alle als Begleiterscheinung der Informationstechnologie und der von ihr getragenen Entwicklung zur Informationsgesellschaft. »Durch die gestiegene Dichte, Geschwindigkeit und Reichweite der Verbindungen hat unsere Gesellschaft die Geschwindigkeit, mit der Information kommuniziert wird, ebenso gesteigert wie die Geschwindigkeit, mit der sie in neue Prozesse integriert wird.«[14]

Aus diesen globalen Trends folgt für den Stiftungssektor sowohl eine große Chance als auch der wachsende Erwartungsdruck, auf die veränderten gesellschaftlichen Umstände mit hoher Geschwindigkeit zu reagieren.

Von entscheidender Bedeutung für die Zukunftsfähigkeit unserer Gesellschaft ist, dass diese Potenziale der sektorenübergreifenden Zusammenarbeit noch öfter und umfassender von allen Akteuren, sowohl den öffentlichen wie auch den privaten und den gemeinnützigen, genutzt werden. Insbesondere deutsche Stiftungen haben hier einen erheblichen Nachholbedarf.

Ausblick

Der Stiftungssektor steht vor einer Zukunft weiteren rasanten Wachstums. Allerdings wird er die bisher mangelhafte Markttransparenz und die unzureichenden Kenntnisse über erfolgreich in die Gesellschaft wirkende Strategien überwinden müssen.

Die Arbeit des Stiftungswesens als Beitrag zur Lösung gesellschaftlich relevanter Probleme wird umso erfolgreicher verlaufen, je eher es gelingt, den Stiftern mit einem diversifizierten Instrumentarium zur Umsetzung ihrer Wertvorstellungen zu verhelfen. Durch thematisch fokussierte und organisatorisch umgesetzte Arbeitsteilung kann der Sektor sich darauf einstellen, dass er gesellschaftliche Entwicklungen aus einer Minderheitenposition heraus beeinflussen kann.

Der Stiftungssektor wird dabei Überlegungen aus wirtschaftlichen Erfahrungshintergründen nutzen können. Das betrifft zum Beispiel die strategische Profilierung einzelner Organisationen im gemeinnützigen »Markt«, die Arbeitsteilung mit anderen Akteuren im Sinne einer »Produktionstiefe« oder die Aufgliederung und Strukturierung von Wertschöpfungsketten. Dieser Erfahrungstransfer aus dem privatwirtschaftlichen Bereich und die damit verbundenen Effizienzerwägungen verhelfen dem Sektor zur weiteren Professionalisierung. Auf der Grundlage von Autonomie und Freiwilligkeit und der Erkenntnis, dass privates Handeln zugunsten des Gemeinwohls soziale Integration schafft, wird der Sektor seinen Erfolg in der Gesellschaft wahren und ausbauen können.

Anmerkungen

1 Helmut Anheier: »Foundations in Europe: A Comparative Perspective«. In: Andreas Schlüter u. a. (Hrsg.): *Foundations in Europe. Society, Management and Law.* London 2001. 35–83; S. 65.

2 Zahlen laut Bundesverband Deutscher Stiftungen, Pressemitteilung vom 23.2.2006, www.stiftungen.org. Nicht berücksichtigt sind unselbstständige Stiftungen, kirchliche Stiftungen und andere Stiftungsformen, die insgesamt geschätzt einen Markt von 100 000 Stiftungen ergeben.

3 Pressemitteilung des Bundesverbandes vom 10. März 2005, www.stiftungen.org.

4 Helmut Anheier: »Foundations in Europe: A Comparative Perspective«. In: Andreas Schlüter u. a. (Hrsg.): *Foundations in Europe. Society, Management and Law.* London 2001. 35–83; S. 65.

5 Bundesverband Deutscher Stiftungen, Zahlen, Daten, Fakten, Statistik zum Verzeichnis Deutscher Stiftungen 2005, www.stiftungen.org, Service, Stiftungsdaten.

6 Ebd.

7 Deutsches Institut für Altersvorsorge (DAI) (Hrsg.): *Erben in Deutschland. Volumen, Psychologie und gesamtwirtschaftliche Auswirkungen.* Köln 2002. S. 3, 5. www.forbes.com.

8 Karsten Timmer: *Stiften in Deutschland, Die Ergebnisse der Stifter-Studie.* Gütersloh 2005. S. 28.

9 Ebd.: S. 90.

10 Ebd.: S. 31, 71.

11 Ebd.: S. 48, 54 ff.

12 Katherine Fulton und Andrew Blau: Looking Out into the Future. Monitor Institute 2005.

13 Ebd.: S. 11.

14 Ebd.: S. 13.

IV.
Identität und Globalisierung

WERNER WEIDENFELD

Was eint Europa?
Identität in pluralen Wertewelten

Die Dynamik früherer Zeiten scheint dahin. Die alten Quellen europäischer Vitalität scheinen versiegt. Die Ziele der Gründerzeit sind erreicht: Die Bedrohung aus dem Osten ist überwunden, der Binnenmarkt ist nahezu vollendet. Die Erfolge sind konsumiert. Wozu neue Anstrengungen unternehmen, wozu neue Kräfte mobilisieren? Europa scheint erschöpft.

Gleichzeitig prallen unvereinbare strategische Perspektiven aufeinander. Während die einen nur in den Vereinigten Staaten von Europa eine Überlebenschance für den Kontinent sehen, betonen andere Mitgliedstaaten, sie seien nur einem Binnenmarkt beigetreten. Diese tiefe Diskrepanz in der finalen Perspektive droht nun der Erfolgsgeschichte der Integration ein abruptes Ende zu bereiten. Unübersehbar ist mittlerweile, dass der integrationspolitische Grundkonsens der Vergangenheit angehört.

Zugleich offenbart sich eine tiefe mentale Orientierungskrise. Europäische Identität war seit eh und je kompliziert und nur vergleichsweise dünn entwickelt, überlagert von nationalen und regionalen Selbstverständnissen. Die europäische Selbsterfahrung hatte durchaus ein relevantes Profil erhalten, gezeichnet durch gemeinsames Leiden und – daran anschließend – durch eine gemeinsame Erfolgsgeschichte. Dies bildet die Grundlage gemeinsamer europäischer Werte.

Nun aber ist dieser Halt aus seiner Verankerung gerissen. Das pragmatische Europa hatte nicht einmal mehr die Kraft, seine kulturellen Wurzeln in seiner Verfassung zu definieren. Das entgrenzte Europa hat den räumlichen Rahmen entfernt, den ein Identitätsprozess benötigt. Zurück bleiben die hilflosen Versuche der europäischen Kulturkongresse, die sich immer wieder neu auf die Suche nach der Seele Europas machen, um dann lediglich Material für die Satire der Feuilletons zu liefern. Die strategische Unentschiedenheit der Politik hat Verwirrung in die Köpfe der europäischen Bürger befördert. Das Ergebnis ist ein elementarer Bedarf an Orientierung zur Frage nach Europa als unserem gemeinsamen Schicksalsraum.

Um den Weg zum Zusammenwachsen des Kontinents zu ebnen, muss Europa vor allem eine überzeugende Antwort auf die Frage nach seiner Identität und seinen Werten geben, denn hierin liegt der Schlüssel zur Erklärung der europäischen Misere.[1] Jedes politische System bedarf zu seiner Handlungsfähigkeit eines Rahmens, auf den sich die Begründungen für Prioritäten und Positionen beziehen: So existiert in keinem politischen System eine politische Ratio gleichsam als Ding an sich, ohne Bezug auf einen elementaren Konsens, auf gemeinsame Interessen und Perspektiven. In jedem politischen System greift die politische Auseinandersetzung des Tages zurück auf den von allen geteilten historischen Erfahrungshorizont. Von dort bezieht die Politik die Argumentationshilfe, wenn es um die Erklärung ihrer Maßnahmen geht. Europa kann auf diese Ressource gemeinsamer Selbstwahrnehmung aber nur sehr begrenzt zurückgreifen.

Bei der Befriedigung des Bedürfnisses nach Orientierung haben sich die Europäische Union und ihre institutionellen Vorgänger niemals leicht getan, stets waren sie geschäftsmäßig, unheroisch und zivil. Die europäische Identität kann sich – anders als die an ihr mitwirkenden Nationalstaaten – nicht auf nationale Mythen stützen, die Zusammengehörigkeitsgefühle wecken.[2] Umso mehr muss sich der Blick jetzt wieder stärker auf den geistigen Horizont, auf die grundlegenden Antriebe und Hindernisse richten. Man ist geneigt, die klassische Frage aus Goethes und Schillers »Xenien« auf Europa anzuwenden: »Europa – aber wo liegt es?« Nicht als geographische Prüfung, sondern auf der Suche nach der geistigen und kulturellen Gestalt Europas ist diese Frage heute neu gestellt. Es ist die Frage der Europäer nach sich selbst.

Die europäische Identität

Mit der Frage nach der Identität ist das elementare Konstruktionsprinzip moderner Gesellschaften thematisiert.[3] Um existenzfähig zu sein, muss die moderne Gesellschaft ihre kollektive Identität selbst entwerfen.[4] Die Regelung der Konflikte und die daraus resultierenden steuernden Eingriffe der Politik sind oft nicht aus sich selbst heraus begründbar. Sie bedürfen vielmehr des Verweises auf gemeinsame Lebens- und Gestaltungsgrundlagen: das Gemeinschaftsbewusstsein wird damit zum Fundament politischer Problemlösung.

Jede Form von Identität kennt drei unterschiedliche Komponenten, die logischerweise auch die Frage nach Europa konstituieren:

- Europäische Identität ist zunächst nichts anderes als die Herkunftseinheit Europas aus der gemeinsamen Geschichte: Herkunftsbewusstsein als konstituierendes Element von

Identität. Die europäische Gegenwartskultur ist eine vom historischen Bewusstsein geprägte Kultur. Die markante Zuwendung der Europäer zu ihrer Geschichte signalisiert zugleich die Dramatik des heutigen Wandels, der im historischen Bewusstsein den Vertrautheitsschwund mit der Gegenwart kompensieren möchte. Dabei wird eine wesentliche Erfahrung vermittelt. In den Krisen Europas ging es nicht nur um die Durchsetzung neuer Lebens- und Denkformen, neuer Produktions- und Staatsordnungen, sondern auch um deren Gelingen in der Kontinuität der europäischen Identität und Werteordnung.

- Europäische Identität konstituiert sich auch aus der Erfahrung der Gegenwart. Die Spaltung Europas und ihre Überwindung sind ebenso relevant wie das Ringen um die Einbindung West- und Osteuropas in ein gemeinsames Integrationssystem. Die Menschen ordnen die Welt, in der sie leben. Sie verbinden isolierte Fakten und konstruieren so ihre soziale Umwelt. Soziale, politische und wertorientierte Ortsbestimmungen in der Gegenwart stiften Identität.
- Die Menschen antizipieren künftiges Handeln und beziehen so Zukunft in die Gegenwart ein. Die Projektion der Absichten und Ziele wird zur Entscheidungshilfe und zum Auswahlkriterium für die Gegenwart. Zukunftserwartungen prägen die Identität Europas. Gemeinsame Erfahrungen, gemeinsame Hoffnungen – und dann nur unterschiedliche Antworten? Lernziel Europa heißt also nichts anderes als die lange versäumte oder zumindest vernachlässigte Einübung europäischen Denkens.

Auf Europa angewendet bedeutet dies, der Frage nachzugehen, inwieweit es Elemente eines gemeinsamen Herkunftsbewusstseins, einer gegenwärtigen Ortsbestimmung und gemeinsamer Zielprojektionen der Europäer gibt.[5]

Gemeinsame europäische Geschichte

Europa ist eine wieder und wieder erzählte Geschichte.[6] Man könnte sogar sagen, dass die Geschichtserzählung die wahre Substanz Europas ausmacht. Europa war immer zugleich ein geographischer Begriff und eine normative Herausforderung. Die Bedeutung von Europa wurde vor mehr als 2500 Jahren im antiken Griechenland geprägt, die sich ihrerseits vom Süden Europas aus ausbreitete. Das Wort stammt aus der alten griechischen Mythologie: Europa war die schöne Braut des mächtigsten Gottes Zeus. Wenn griechische Denker von Europa sprachen, dann dachten sie an ihre Zivilisation, ihr von »barbarischen«, nicht kultivierten Völkern eingeschlossenes Land. Griechische Kultur wurde als das Herzstück dessen betrachtet, was die Idee von Europa repräsentierte. In dieser Zivilisation voll philosophischen Geistes begründeten die Griechen eine Definition öffentlicher Angelegenheiten als Verantwortung, die vollständig auf der Verantwortung des Bürgers beruhte. Jeder freie Bürger sollte freiwillig zur öffentlichen Ordnung der *Polis* beitragen. Für mehr als 2500 Jahre war dies der Dreh- und Angelpunkt demokratischen Denkens.

Daran anschließend gilt es mehrere miteinander verknüpfte Gründe vorzustellen, um zu erläutern, warum Geschichte die Ausformung einer europäischen Identität entscheidend bestimmt.

Erstens war Europa von Anfang an nicht nur ein geographisches Gebilde, sondern eine Kombination aus territorialer Expansion und kulturellen Werten, aus Auffassungen und normativen Elementen.[7] Mit jeder neuen Entdeckung, Kolonisierung und Eroberung erweiterten sich Europas Grenzen über die kleine griechische Halbinsel mit ihrer fortgeschrittenen Kultur hinaus nach Norden, Süden und Westen des Kontinents.

Zweitens haben die Europäer immer die politischen Grenzen des Kontinents hinterfragt. Europa ist durch natürliche Grenzen im Norden, im Westen und im Süden begrenzt, nicht aber im Osten. Auch heute noch, angesichts der Erweiterung der Europäischen Union, ist der Kontinent mit dem elementaren Problem seiner unbestimmten Grenze konfrontiert. Die Frage nach den Grenzen Europas ist derzeit offen. Die Aufnahme der Türkei könnte Ängsten vor einem Zusammenbruch der Union durch »imperiale Überdehnung« Vorschub leisten.

Im Altertum wurde der Begriff »Europa« mit dem Territorium des mächtigen Römischen Reiches assoziiert, das beinahe ganz Europa mit einer effektiven Bürokratie und der Idee einer Rechtsordnung versah: Der Staat beruhte auf Recht und Gesetz. Unser heutiges Erbe in Europa wird bestimmt von einer Rechtsstaatlichkeit, die dieser langen kulturellen Geschichte entstammt. Von zentraler Bedeutung war zudem die Konvertierung des römischen Kaisers Konstantin zum Christentum um das Jahr 330 n. Chr. Es wurde erwartet, dass das Bild und die territoriale Ausdehnung Europas von der Expansion des (westlichen) Christentums abhängen würde. Die intellektuelle Sichtweise war befangen: Europa konnte überall dort gefunden werden, wo Gottesdienste in lateinischer Sprache gehalten wurden.

Drittens wurde Europa viele Jahrhunderte lang durch seine religiösen Fundamente getragen. Heute sind ungefähr 200 Millionen (rund 40 Prozent) von 455 Millionen Einwohnern der Europäischen Union römisch-katholisch, weniger als

100 Millionen (rund 20 Prozent) sind protestantisch, 12 Millionen sind moslemisch und eine Million Hindu. Die religiöse Fundierung brachte auch religiöse Konflikte mit sich. Territoriale Grenzen veränderten sich in Folge religiöser Machtpolitik. Als Konsequenz daraus trat Migration auf. Dies geschah nicht nur, weil die Grenzen sich oft verschoben haben, sondern auch, weil Menschen wegen religiöser Verfolgung ihre Heimat verlassen mussten. Trotz dieser Migrationsbewegungen verblieben (religiöse) Minderheiten in vielen Ländern und wurden als eine Quelle von Spannungen betrachtet.

Wenn man eine Karte zeichnen würde, die alle diese verschiedenen Grenzen durch die Geschichte hindurch umfasst, so würde man ein sehr dichtes und enges Raster voller Grenzlinien erhalten. Nur drei moderne Nationen erlebten in ihrer jeweiligen Geschichte eine Art Überlappung von religiösen und territorialen Grenzziehungen. Dies waren England und die Kerngebiete Frankreichs und Spaniens. In allen anderen Regionen Europas haben sich die Grenzen mehr oder weniger ständig verändert.

Viertens haben vor diesem Hintergrund von Migration und Grenzverschiebungen Minderheitenkonflikte die politische Landkarte Europas bestimmt. So leben beispielsweise heute in Osteuropa mehr als 25 Prozent der Bevölkerung als nationale Minderheiten in ihren Gesellschaften. Alle diese Länder entwickelten sich vom 17. bis zum 19. Jahrhundert schrittweise zu modernen Nationalstaaten. Damit wurde der Nationalstaat zur normalen und regulären politischen Ordnung. Die Bildung von Nationen – idealerweise betrachtet als Gesellschaften mit einem gemeinsamen politischen Willen und gemeinsamen Perspektiven – garantierte jedoch nicht die friedliche Koexistenz der Nationalstaaten. Im Gegenteil, die Kriegserfahrung wurde ein höchst emotionaler Teil des kollektiven Gedächtnisses, die bis heute zutiefst verwurzelt geblieben ist. Demzufolge ist Nationalismus ein ausgeprägtes Element des europäischen Selbstverständnisses.

Fünftens hat Europa eine mehr als 2000 Jahre alte, von Kriegen geprägte Geschichte. Gleichzeitig gab es jedoch auch europaweite Epochen der Kunst, Dichtung, Architektur, des Theaters, der Musik und anderer gemeinsamer intellektueller Erfahrungen mit Philosophie und politischen Ideen. Es waren also immer zwei Seiten einer Medaille: auf der einen Seite brutale politische Konflikte, auf der anderen Seite gemeinsame Erfahrungen, geteilte Ideen der Philosophie, Literatur und Musik. Die gemeinsame Idee der Aufklärung ging daraus hervor. Diese wurde seit dem Ende des 18. Jahrhunderts das Schlüsselerlebnis für Europa. Der beherzte Gebrauch des eigenen Intellekts ist die zentrale Doktrin der Aufklärung. Der Verstand wird als Grundlage des Menschseins betrachtet. Religiöser Glaube wird als individuelle Beziehung zu Gott gesehen und definiert nicht länger die Ordnung des politischen Lebens.

Sechstens trennten die Kräfte der Aufklärung Kirche und Staat. Der säkulare Staat wurde zum Standard der politischen Ordnung in Europa. In diesem Konzept muss der ideale Staat gegenüber jeglicher Religion neutral sein. Alle Menschen haben das gleiche Recht auf Würde, unabhängig von der individuellen Zugehörigkeit zu einer bestimmten Religion oder Ethnie.

Keine dieser Entwicklungen ist vollständig aus unserem europäischen Selbstverständnis verschwunden: die Kombination aus territorialer Expansion und kulturellen Werten, die Frage der Grenzen, das Erbe der Religion in einer säkularen Welt, Migration und Minderheitenkonflikte sowie Europas Geschichte als eine Geschichte von Kriegen auch zwischen säkularen Nationalstaaten, die die grundlegenden Menschenrechte anerkennen. All diese divergierenden, facettenreichen Faktoren sind wesentliche Teile unseres kollektiven Verständnisses von Europa. Keine dieser politischen und kulturellen Erinnerungen ist vollständig aus unserem Gedächtnis verschwunden. Sie definieren die Gegenwart und das Selbstverständnis von Europas Zukunft und der europäischen Identität.

Integration als neuer Baustein europäischer Identität

Nach dem Zweiten Weltkrieg gelang es den Europäern, ihre scheinbar schicksalhaften kriegerischen Auseinandersetzungen zu überwinden. Sie änderten ihr gesamtes System der politischen Zusammenarbeit und der politischen Kultur. Der neue Schlüsselbegriff dieses neuen Systems der Koordination politischen und kulturellen Lebens war »Integration«.[8] Es waren vier Motive, welche die Europäer zum großen Experiment der Integration angetrieben haben: Frieden und Sicherheit, wirtschaftlicher Wohlstand, globale Verantwortung und transnationaler Pluralismus.

Erstens der Wunsch nach Frieden und Sicherheit: Nach den vielen entsetzlichen Erfahrungen, die im Zweiten Weltkrieg gipfelten, waren die Europäer davon überzeugt, dass ihre Konflikte nicht länger mit Gewalt, sondern nur durch friedliche Konfliktlösung und nach Recht und Gesetz gelöst werden sollten. Gleichzeitig lebte Europa unter der Bedrohung der Sowjetunion – einer Welt- und Supermacht – und ihrer expansiven kommunistischen Ideologie. Jeder einzelne Staat in Europa erschien zu schwach und zu klein, um diesem Druck standhalten zu können. Daher war die Bildung einer Gemeinschaft in Westeuropa die existenzielle Garantie für Sicherheit, als der östliche Teil des Kontinents an den Kommunismus verloren ging.

Das zweite gemeinsame Interesse der Europäer galt dem wirtschaftlichen Wohlstand. Integration sollte Europa in eine Ära großer wirtschaftlicher Stabilität und Prosperität führen. Dies sollte durch die Schaffung eines einzigen großen Binnenmarkts erreicht werden, der Handelsbarrieren reduziert und den freien Fluss von Waren, Dienstleistungen, Arbeit und Kapital ermöglicht. Das Programm des Binnenmarktes revitalisierte die nationalen Volkswirtschaften und den europaweiten Handel.

Das dritte Interesse galt dem Streben der Europäischen Union, als globaler Akteur oder auch als nur relativ kleine internationale Macht anerkannt zu werden. Am Ende des Zweiten Weltkriegs blieben nur zwei große Weltmächte übrig, die USA und die Sowjetunion. Neben ihnen nahmen sich die einzelnen europäischen Nationalstaaten zwergenhaft aus. So hofften die Europäer, durch ihre Kooperation vieles von der Macht gemeinsam zurückzuerlangen, die sie als einzelne Staaten verloren hatten.

Das vierte gemeinsame Interesse betrifft das komplexe Thema der Identitätsbildung. Die europäischen Katastrophen in Form des Dritten Reiches und des Zweiten Weltkriegs konnten geschehen, weil ein Teil von Identität, nämlich die Nation, dominant geworden war und für eine totalitäre Politik instrumentalisiert wurde. Es bestanden nicht länger verschiedene Teile von Identität, sondern es gab nur noch eine einzige Dimension – den Nationalismus. Für Europa endete dies in einem Desaster. Die Europäer haben dadurch gelernt, die verschiedenen Facetten von Identität im Gleichgewicht zu halten, und »wir« als Teil einer lokalen oder regionalen Gemeinschaft, als Teil einer Nation und auch als Teil einer europäischen Identität zu begreifen. Das integrierte Europa, basierend auf gemeinsamen, aber pluralen Normvorstellungen, sollte ein neues Selbstverständnis bieten.

Diese gemeinsamen Ziele bedingen jedoch von Anfang an keine Festlegung auf ein einheitliches Konzept zu ihrer Erreichung. Schon bei der Gründung des Europarats am 5. Mai 1949 konkurrieren zwei Organisationsprinzipien für die Gestaltung der europäischen Einheit miteinander: das des Staatenbundes und das des Bundesstaates. Wie immer hat dieser europäische Gegensatz auch eine fruchtbare Seite: Ohne eine starre Festlegung auf ein einziges geschlossenes Europamodell kann der Einigungsprozess je nach gegebener Situation an völlig unterschiedlichen Materien der Politik ansetzen – und von dort aus versuchen, Fortschritte zu erzielen. In diesem ausgeprägten pragmatischen Grundzug[9] gibt sich der Integrationsprozess als ein wahres Kind europäischer Tradition und Identität zu erkennen.

Da der Prozess der europäischen Integration nicht zuletzt ein Vehikel zur friedlichen Kanalisierung und Überbrückung nationaler Gegensätze ist, wird seine Entwicklung folgerichtig von einer Dialektik von Krise und Reform bestimmt. Ist einmal ein Status quo erreicht, tendieren die Nationalstaaten dazu, diesen nur widerwillig aufzugeben – auch wenn währenddessen neue Aufgaben und Probleme nach einer Reform des etablierten Gleichgewichts verlangen. Solche verschleppten oder versäumten Reformen tragen wesentlich zu den Krisenerfahrungen bei, mit denen sich die Gemeinschaft während ihrer Entwicklung immer wieder konfrontiert sieht. Krisenerfahrungen und komplexe Probleme bringen jedoch früher oder später immer Reformanstrengungen in Gang, die der Europäischen Union schließlich ihre heutige Gestalt verleihen.

Dies kann auch beim Prozess der europäischen Verfassungsgebung beobachtet werden. Mit der Frage der Verfasstheit der

Europäischen Union haben sich die Mitgliedstaaten seit den 80er Jahren bis heute in fünf großen Vertragsreformen – die in die Einheitliche Europäische Akte, die Verträge von Maastricht, Amsterdam und Nizza und zuletzt in die Europäische Verfassung mündeten – intensiv auseinandergesetzt. Die Europäische Verfassung stellt dabei den ambitioniertesten Versuch dar, Antworten auf die architektonischen Grundfragen der Integration zu geben und ein europäisches Modell transnationaler Staatlichkeit zu entwickeln.[10] Mit einer Verfassung wird sich die Frage europäischer politischer Identität in ganz neuen Facetten präsentieren.[11]

Man muss sich aber vor Augen führen, dass der derzeitig zur Ratifikation anstehende Verfassungsvertrag nicht den ersten Versuch einer Verfassungsgebung für die Europäische Union markiert. Den Druck, dem Projekt Europa eine zuverlässige Form zu geben, haben die politischen Entscheidungsträger zu allen Zeiten der Integration gespürt. So ist der aktuelle Verfassungsprozess bereits der vierte Anlauf innerhalb eines halben Jahrhunderts. Bereits Anfang der 50er Jahre hatte man den Verfassungsentwurf einer Europäischen Politischen Gemeinschaft parlamentarisch ausgearbeitet. Im Jahr 1962 misslang der Versuch, der unter dem Namen der Fouchet-Pläne eine Politische Union kreieren sollte. Unter der Federführung des Italieners Altiero Spinelli feilte das Europäische Parlament über Jahre an einem Verfassungsentwurf. Die schmerzhafte Erfahrung dreifachen Scheiterns begleitete also den Versuch, Europa eine Verfassung zu geben. Und nach den ablehnenden Voten der Franzosen und Niederländer im Frühsommer 2005 droht die Verfassungsgebung nun zum vierten Mal zu scheitern.

Wie bereits nach den Reformrunden der 80er und 90er Jahre, die alle aus der Notwendigkeit zu weiteren Reformschritten entstanden, wird die Europäische Union den Verfassungsdruck aber auch in Zukunft spüren. Je mächtiger Europa künftig sein wird, desto schmerzlicher wird das Fehlen einer Verfassung empfunden werden. Die Verfassung wird, so unrealistisch dies angesichts der aktuellen Lage erscheinen mag, eines der zentralen Themen für die Zukunft der Integration bleiben.

Europa der Zukunft

Sind die Bausteine europäischer Identität nach den epochalen Umbrüchen in den 1990er Jahren heute verloren oder nicht mehr zeitgemäß? Vor diesem Hintergrund ist der Ausruf Dolf Sternbergers: »Nein, es gibt keine Idee, die Europa hieße!«[12] neu zu bedenken. Es gibt in der Tat keine »Idee Europa« im Sinne eines alle Bürger, alle Temperamente und alle Motive integrierenden Ideals. Aber es gibt eine politische Kultur Europas, die einen Teil der Identität der Europäer ausmacht – nicht mehr und nicht weniger. Neben dem gemeinsamen »Erfahrungshorizont Europa« gibt es andere Schichten der Identität: die nationalen Dispositionen, die menschlichen Gruppenerlebnisse, die sozialen Organisationskenntnisse, das regionale, städtische oder dörfliche Bewusstsein.

Das Bewusstsein der Vielfalt geschichtlicher Teilidentitäten konstituiert die politische Kultur Europas. Aus diesen Schichtungen ergeben sich Spannungen. Diese Spannungen auszuhalten, ja schöpferisch werden zu lassen, ist für das Werden einer europäischen Identität von größerer Bedeutung als die Jagd auf vermeintlich vorhandene Ganzheitsideale.[13] Das Wissen um Bedingtheit und Begrenzungen der politischen Kultur Europas mit ihren pluralen Werten verspricht nur die Chance einer Identitätsfindung, es garantiert sie nicht. Ob Europa diese Chance wahrnimmt, ist eine Frage seiner Mündigkeit.

Mit der Erweiterung im Jahr 2004 hat die europäische Integration eine neue Dimension erreicht. Europas politische Entscheidungsstrukturen, seine Wirtschaftskraft und sein Wertesystem sowie seine zivilen und militärischen Möglichkeiten bieten bereits heute eine beachtliche Handlungsbasis für die Zukunft. Die Europäische Union erwirtschaftet derzeit ein Bruttoinlandsprodukt vergleichbar mit den USA, und ihr Anteil am Welthandel liegt über 20 Prozent. Zudem zählt die heutige Union mehr als 450 Millionen Einwohner. Treten schließlich auch die Türkei, Kroatien und Mazedonien bei, so würden rund 550 Millionen Menschen auf dem Gebiet der Europäischen Union leben. Die Bevölkerung der Union würde damit etwa doppelt so groß sein wie die der USA. In einem solchen Europa wird das Bruttosozialprodukt rund 15 Prozent über dem der USA liegen. Die Europäische Union wird einen Anteil von etwa 35 Prozent an der Weltproduktion haben, die USA 27 Prozent. Auch bei fast allen anderen traditionellen Kennziffern liegen die europäischen Daten in der Weltspitze und vor denen der USA. Die Europäische Union verfügt daher über ein Potenzial von weltpolitischem Rang.

Um ihre gemeinsamen Interessen zu organisieren und eine gemeinsame Identität zu generieren, haben die europäischen Staaten zahlreiche Institutionen geschaffen. Trotz der Stärken Europas wird derzeit jedoch niemand behaupten, dass die Europäer ihr vorhandenes Potenzial effizient organisieren und optimal zur Geltung bringen und damit eine tatsächlich aktive weltpolitische Größe geworden wären. Wird Europa daher in der Lage sein, sich zu einem reifen Akteur nach innen und außen zu entwickeln?

Sicher gibt es ein aufkeimendes Bewusstsein für die Herausforderung, Europas Stärken zu bündeln und aktiv zu nutzen. Dies zeigt sich vor allem im Bereich der Sicherheits- und Verteidigungspolitik, bei der es auch gilt, den gewachsenen europäischen Werten Geltung zu verschaffen. Im Kern fehlt Europa für diese Aufgabe aber nicht nur ein operatives Zentrum, es fehlt vor allem ein strategisches Denken. Weder gibt es eine pan-europäische Elite in Europa noch ein strategisch präzises Profil für die Rolle der Europäischen Union als internationalen Akteurs, um die globalen Herausforderungen zu meistern. Die großen Mächte Europas haben allesamt ihre weltpolitische Komponente eingebüßt. Keiner dieser Staaten hat den Führungswillen entwickelt, den nationalen Verlust seines weltpolitischen Horizonts nun europäisch zu kompensieren. Das Defizit an strategischem Denken erweist sich so als eigentliche Achillesferse Europas. Erst wenn es Europa gelingt, diese Kultur strategischen Denkens zu entwickeln, wird es eine markante gestalterische Relevanz nach innen und außen erhalten und sich langfristig auf der Weltbühne halten können.

Diese Perspektive erscheint vielen Entscheidungsträgern angesichts der akuten internen Probleme, denen die Europäische Union und ihre Mitgliedstaaten ausgesetzt sind, zu weit. Vordergründig wird um Finanzen und Vertragstexte gestritten, im Kern geht es jedoch um antagonistische Zukunftsfixierungen. Ohne eine Verständigung auf eine gemeinsame Zukunftsstrategie wird das Europa der 25 wie frühere Imperien durch Überdehnung ihrer Raumvorstellung erodieren, ja wahrscheinlich zerfallen. Oder aber man lässt sich auf die neue Lage ein. Dann wird die Europäische Union eher die Rolle eines krisenregelnden Systems kollektiver Sicherheit übernehmen. Damit verbunden wäre eine Neu-Begründung Europas.

Die Stabilitätsqualität eines solchen Raumes sollte nicht unterschätzt werden. Alle weiterführenden Ambitionen aber werden nur in Teilen der großen Europäischen Union zu verwirklichen sein. Sicherheits- und Verteidigungsunion, engere Zusammenarbeit im Bereich der Justiz- und Innenpolitik – alles dies muss mit eigenen Entscheidungsprozeduren und eigenen institutionellen Vorkehrungen versehen werden. Es wird also Kreise von unterschiedlicher Integrationsdichte geben. Dies ist nicht gleichbedeutend mit der Etablierung eines geschlossenen Kerneuropa, in dem die mächtigsten Mitgliedstaaten die Geschicke der Union exklusive dominieren. Die Diskussionen um Kerneuropa, Triumvirate, Direktorien und Pioniergruppen sind von semantischen Missverständnissen geprägt. Sie verstellen den nüchternen Blick auf die Notwendigkeit, die Differenzierung als strategische Chance zu verstehen, die es der Europäischen Union erst ermöglicht, den Erfordernissen der Zukunft zeitnah, aktiv und effektiv zu begegnen.[14]

Wer sich in Zeiten der Globalisierung und der Entstehung einer multipolaren Weltordnung Ausmaß und Tragweite des politischen und kulturellen Wandels vor Augen führt, spürt das Fehlen einer Debatte umso schmerzlicher. Im Sinne einer sentimentalen Vergangenheitsschwärmerei ist heute für eine Idee namens Europa zweifellos kein Platz. Aber als ein systematisches Konzept zum Beitrag einer weltpolitischen Ordnung braucht der Kontinent eine Idee von sich selbst. Das Bild eines differenzierten Europas könnte die Verwirrung in unseren Köpfen neu ordnen. Und es könnte helfen, Europa die Fähigkeit zu erhalten, den Wandel erfolgreich zu organisieren – ein zentrales Identitätsmerkmal des europäischen Projekts.

Anmerkungen

1 Vgl. auch Adolf Muschg: *Was ist europäisch? Reden für einen gastlichen Erdteil.* München 2005.

2 Zum Mythendefizit der europäischen Integration vgl. Wolfgang Schmale: *Scheitert Europa an seinem Mythendefizit?* Bochum 1997.

3 Vgl. dazu ausführlich Werner Weidenfeld (Hrsg.): *Die Identität Europas. Fragen, Positionen, Perspektiven.* München 1985. Vgl. aktuell auch Bettina Thalmaier: *Braucht die EU eine eigene Identität?* C·A·P Studie 1/2005. München 2005. Michael Weigl und Michaela Zöhrer: *Regionale Selbstverständnisse und gegenseitige Wahrnehmung von Deutschen und Tschechen.* C·A·P Analyse 3/2005. München 2005. Thomas Meyer: *Die Identität Europas. Der EU eine Seele?* Frankfurt/Main 2004. Wolfgang Schmale, Rolf Felbinger, Günter Kastner und Josef Köstlbauer (Hrsg.): *Studien zur europäischen Identität im 17. Jahrhundert.* Bochum 2004.

4 Vgl. dazu Gudrun Quenzel: *Konstruktionen von Europa. Die europäische Identität und die Kulturpolitik der Europäischen Union.* Bielefeld 2005. Vrääth Öhner, Andreas Pribersky, Wolfgang Schmale und Heidemarie Uhl (Hrsg.): *Europa-Bilder.* Innsbruck u.a. 2005.

5 Vgl. auch Werner Weidenfeld: »Europa – aber wo liegt es?«. In: Ders. (Hrsg): *Europa-Handbuch.* 3. Auflage, Gütersloh 2004. 15–48. Ders.: »Was ist die Idee Europas?«. *Aus Politik und Zeitgeschichte* B 23–24/1984. 3–11.

6 Vgl. u.a. Hagen Schulze: *Die Wiederkehr Europas.* Berlin 1990. Ders.: *Staat und Nation in der europäischen Geschichte.* München 1994. John Bowl: *Geschichte Europas. Von der Vorgeschichte bis ins 20. Jahrhundert.* 3. Auflage, München 1993. Wolfgang Reinhard: *Lebensformen Europas. Eine historische Kulturanthropologie.* München 2004. Werner Weidenfeld und Wolfgang Wessels (Hrsg.): *Europa von A bis Z – Taschenbuch der europäischen Integration.* 9. Auflage, Baden-Baden 2005. Karl Dietrich Bracher: *Die Krise Europas 1917–1975.* Frankfurt/Main 1976.

7 Vgl. dazu Hans Joas und Klaus Wiegandt (Hrsg.): *Die kulturellen Werte Europas*. Frankfurt/Main 2005.

8 Vgl. auch Curt Gasteyger: *Europa von der Spaltung zur Einigung*. Bonn 1997.

9 Vgl. Werner Weidenfeld: *Europa 2000. Zukunftsfragen der europäischen Einigung*. München 1980. Wilfried Loth: *Europäische Identität in historischer Perspektive*. Zentrum für Europäische Integrationsforschung, Discussion Paper C113/2002, Bonn 2002. Wolfgang Schmale: *Geschichte Europas*. Stuttgart 2001. Gerhard Brunn: *Die Europäische Einigung von 1945 bis heute*. Stuttgart 2002.

10 Vgl. dazu Werner Weidenfeld (Hrsg.): *Die Europäische Verfassung in der Analyse*. Gütersloh 2005. Claus Giering (Hrsg.): *Der EU-Reformkonvent – Analyse und Dokumentation*. Gütersloh 2003.

11 Vgl. dazu Ulrich Beck und Edgar Grande: *Kosmopolitisches Europa*. Frankfurt/Main 2004. Armin von Bogdandy: »Europäische Verfassung und europäische Identität«. In: Gunnar F. Schuppert, Ingolf Pernice und Ulrich Haltern (Hrsg.): *Europawissenschaft*. Baden-Baden 2005. 331–371.

12 Dolf Sternberger: »Komponenten der geistigen Gestalt Europas«. *Merkur* 34 (1980). 228–238; hier S. 237.

13 Vgl. Christine Landfried: *Das politische Europa. Differenz als Potential der Europäischen Union*. Baden-Baden 2002.

14 Vgl. dazu Werner Weidenfeld und Josef Janning: *Das neue Europa. Strategien differenzierter Integration*. Vorlage zum Internationalen Bertelsmann Forum, Petersberg, Januar 1996. Janis Emmanouilidis: »Der Weg zu einer neuen Integrationslogik – Elemente flexibler Integration in der Europäischen Verfassung«. In: Werner Weidenfeld (Hrsg.): *Die Europäische Verfassung in der Analyse*. Gütersloh 2005. 149–172.

KARAN SINGH

Europa und Indien: Identitäten in der Globalisierung

Gegenwärtig wird unsere Welt von Unruhen und Umwälzungen geprägt. Wohl oder übel bewegen wir uns unweigerlich auf eine neue Form von »Kultur« zu, eine Kultur, die – ob uns das behagt oder nicht – global ist und von Wissenschaft und Technik angetrieben wird. Die Welt wandelt sich zu einer globalen Gesellschaft. Dieser Prozess ist vermutlich nicht aufzuhalten, doch ist er nicht unbedingt rein positiv zu beurteilen. Natürlich birgt die Globalisierung ganz eindeutig viele positive Aspekte. Sie bringt schnelle Kommunikation mit sich, ein enormes Wachstum in Binnen- und Außenhandel, ein Mehr an industrieller Produktion und ganz allgemeines weltweites Wirtschaftswachstum. Doch es gibt auch negative Aspekte. Der Terrorismus ist ebenso ein globales Phänomen geworden wie sexuell übertragbare Krankheiten und der Handel mit Menschen und Waffen. Dazu kommen noch die Gefahr einer kulturellen Gleichschaltung und dergleichen mehr.

Man sollte sich vielleicht daran erinnern, dass der Begriff einer globalen Gesellschaft sehr tief in der kulturellen Tradition Indiens verwurzelt ist. Wenn man unser Parlamentsgebäude besucht, sieht man am allerersten Eingangstor einen herrlichen Vers in Sanskrit, der übersetzt Folgendes bedeutet: *»Das gehört mir, das gehört dir ist eine kleinliche und enge Weise, die*

Wirklichkeit zu sehen. Für Menschen höheren Bewusstseins ist die ganze Welt eine Familie.«

Vor tausenden von Jahren, als man an einem Tag zu Fuß nicht weiter kam als 15 oder 20 Kilometer, hatten unsere großen Seher und Denker bereits die erstaunliche Auffassung von der Menschheit als einer Art Großfamilie. Heute sieht es ganz danach aus, als hätten uns nach langer, langer Zeit Wissenschaft und Technik endlich die Instrumente an die Hand gegeben, mit denen wir eine globale Gesellschaft verwirklichen können. Das 20. Jahrhundert war eines der erstaunlichsten Jahrhunderte überhaupt – die technischen Neuerungen waren bombastisch, der Weltraum wurde erobert, wir sind zum Mond geflogen, wir reisen zu anderen Planeten und nähern uns den Sternen dahinter. Das menschliche Genom wurde entschlüsselt, die Nanotechnologie und alle möglichen anderen erstaunlichen Dinge haben Einzug gehalten.

Und doch war das 20. Jahrhundert das tödlichste Jahrhundert in der Geschichte der Menschheit. Mehr Menschen kamen in Weltkriegen, Regionalkriegen, Bürgerkriegen, Pogromen und Lagern ums Leben als in jedem anderen Jahrhundert. Millionen und Abermillionen von Menschen wurden getötet, weitere Millionen wurden zu Flüchtlingen und mussten ihre Länder verlassen. Deshalb stellen wir fest, dass trotz aller Bewegung hin zu einer Globalisierung, trotz aller technischen Entwicklungen die negativen Kräfte des extremen Nationalismus, des Terrorismus, des Fundamentalismus und des übersteigerten Konsumdenkens zu massivem Chaos und Gewalttätigkeit geführt haben.

Die Europäische Union als Vorbild

Daher müssen wir uns der Frage oder vielmehr der Herausforderung stellen, ob wir friedlich zu einer globalen Gesellschaft übergehen können oder ob wir immer wieder gewalttätige Phasen durchmachen müssen, die letztlich alle unsere Hoffnungen auf eine bessere menschliche Kultur zerstören. Zuerst einmal möchte ich festhalten, dass wir für eine globale Gesellschaft eine globale Organisation benötigen. Leider sind die Vereinten Nationen, die grundlegende globale Organisation des 20. Jahrhunderts, inzwischen altmodisch und überholt. Sie sind in der Zeit erstarrt. Die Vereinten Nationen stellen die Situation von heute so dar, wie sich die Welt 1945 präsentierte, als der Zweite Weltkrieg zu Ende war. Sie vertreten nicht mehr die Mehrheit aller Menschen. Deshalb sind ja zum Beispiel auch weder Indien noch Deutschland dauerhafte Mitglieder im Sicherheitsrat.

Doch ich will nicht in die politische Diskussion über dieses Thema einsteigen. Ich will nur festhalten, dass unsere globale Organisation, die Vereinten Nationen, nicht mit den Erfordernissen und Ansprüchen einer globalen Gesellschaft Schritt gehalten hat, und daher glaube ich, dass neben den über 200 Nationalstaaten und der globalen Organisation die regionalen Organisationen eine sehr wichtige Rolle spielen werden. Insofern ist in meinen Augen die Europäische Union die erstaunlichste Errungenschaft des 20. Jahrhunderts.

In unserer Jugend haben wir alles über die europäischen Kriege gelernt – die Rosenkriege, den Hundertjährigen Krieg, den Ersten und den Zweiten Weltkrieg und die Napoleonischen Kriege. Die ganze Welt wurde von den europäischen Kriegen in Atem gehalten. Als die Europäer Kolonialisten wurden, breiteten sich ihre Kriege über die ganze Welt aus. Deshalb war es die Unruhe in Europa, die jahrhundertelang die ganze Welt in Unruhe versetzt hat. Daher ist es für uns so verblüffend, dass sich die Europäische Union herausgebildet hat.

Sie erscheint uns fast wie ein Wunder. Wir reisen seit drei oder vier Jahrzehnten ausgiebig durch Europa, und inzwischen ist die Mark verschwunden, der Franc ist verschwunden, und die Lira ist verschwunden. Wenn wir jetzt nach Europa kommen, brauchen wir nicht mehr nach jeder Grenze unsere Taschenrechner zu zücken. Das an sich ist schon faszinierend, und daher möchte ich gerne sagen, dass wir die Europäische Union als eine extrem positive Entwicklung betrachten, da sie zeigt, dass wir in unserem Teil der Welt das Gleiche zustande bringen könnten.

Ich halte die Europäische Union seit jeher als Vorbild dafür hoch, wohin sich die SAARC (South Asian Association for Regional Cooperation) entwickeln könnte. Ich möchte den Europäern für den Mut und die Phantasie danken, die sie bei der Schaffung der Europäischen Union bewiesen haben. Ich weiß, Sie haben mit Problemen zu kämpfen, es gibt Rückschläge, es gab einige negative Abstimmungen, und vielleicht kommen noch mehr. Vielleicht haben Sie zu schnell expandiert. Es zählt indessen allein schon die Tatsache, dass es in Europa heute keine Kriege mehr gibt, außer natürlich auf dem Balkan.

Was Europa werden möchte, ist eine aus vielen Ethnien, vielen Nationalitäten, vielen Sprachen, vielen Religionen und vielen Kulturen zusammengesetzte Nation. Also genau das, was Indien bereits ist. Europa ist wesentlich reicher, besser organisiert und hat wesentlich effizientere Institutionen, aber wenn man Indien wirklich verstehen will, muss man das Land als eine Art Europa betrachten. Es besitzt ebenso viele Sprachen, es besitzt doppelt so viele Religionen und Menschen und ist doch eine Nation. Also haben Europa und Indien diese Dinge gemeinsam – sie blicken beide auf eine lange Geschichte zurück, und vieles aus der aktuellen Politik lässt sich auf diese Geschichte zurückführen.

Ich will nicht näher auf den Teilungsprozess oder darauf eingehen, wie sich die Regionen mit muslimischer Bevölkerungsmehrheit abgespalten haben, ehe Pakistan selbst in zwei Teile zerbrochen ist, doch wir haben einen ebensolchen Schatz an Geschichte wie die Europäer. Wir besitzen ein sehr tragfähiges kulturelles Fundament, genau wie Europa. Europa hat die großen griechischen und römischen Kulturen, wir haben die großen hinduistischen, buddhistischen und jainistischen Kulturen und Kunstgegenstände, die die gesamte Welt beeinflusst haben. Der Buddhismus hat sich von hier aus über ganz Südostasien ausgebreitet, ohne dass ein einziger Schuss gefallen wäre. Unsere Expansion, wenn ich das so sagen darf, verlief nicht wie die europäische Expansion durch die Macht von Gewehren oder Schlachtschiffen. Unsere Expansion verlief auf kultureller Ebene, durch kulturelle, religiöse und spirituelle Ideen. Europa und Indien haben beide eine lange Geschichte, und beide verfügen über eine sehr starke Kultur. Beide sind demokratische Gesellschaften. Wir haben freie Wahlen mit zahlreichen Parteien, nur dass unsere Wählerschaft, also die Gesamtzahl von wahlberechtigten Personen über 18 Jahre, größer ist als die gesamte Bevölkerung Europas und Nordamerikas zusammengenommen. Aber trotzdem sind dies Bereiche, die wir gemeinsam haben. Es sind sogar sehr wichtige Gemeinsamkeiten.

Wie bereits erwähnt, sind wir beide pluralistische Gesellschaften; wir haben viele Religionen, viele Sprachen, viele Ethnien und viele Kulturen. Wir glauben nicht an den Kampf der Kulturen, sondern an das Verschmelzen der Kulturen, weil wir auf unseren Staatsgebieten viele unterschiedliche kulturelle Faktoren integriert haben. Ich glaube, der Schlüssel zum Verständnis des menschlichen Dilemmas in der Welt von heute liegt im Begriff der multiplen Identitäten. Wir müssen uns von der Vorstellung einer einzigen, alles umfassenden Identität verabschieden. Ich selbst zum Beispiel habe eine Kastenidentität, eine sprachliche Identität, eine religiöse Identität, eine nationale Identität und eine globale Identität. Durch einen Zufall bin ich in Europa geboren, daher bin ich gebürtiger Europäer. Man kann mich nicht auf eine einzige meiner Identitäten festlegen.

Ich bin Hindu, und man kann zwar sagen, ich sei ausschließlich Hindu, aber ich stehe in ständigem Austausch mit Muslimen. Ich bin ein Dogra, aber ich stehe in ständigem Austausch mit den anderen Gemeinschaften in Nordindien. Ich bin Inder, aber ich fühle mich als Weltbürger überall auf der Welt zu Hause und vergesse nie, dass die ganze Welt eine Familie ist. So gesehen ist der Begriff der multiplen Identitäten etwas, das Indien und Europa teilen.

Indien und Europa im Zeichen der Globalisierung

Indien und Europa stehen in einer strategischen Partnerschaft. Unser Premierminister und der britische Premierminister, der den Vorsitz der europäischen Troika innehatte, haben am 7. September 2005 ein Abkommen über eine strategische Partnerschaft unterzeichnet. Dies ist ein sehr bedeutsames Dokument, und ich lege es jedem ans Herz, der die Beziehung zwischen Indien und Europa studieren möchte. Natürlich ist es ein Basisdokument, doch es schreibt die grundlegenden Parameter des gemeinsamen Wertesystems und der gemeinsamen Interessen dieser Länder fest.

Darüber hinaus fühlen wir uns einer mehrpoligen Gesellschaft verpflichtet. Wir lehnen die Vorstellung einer einpoligen Welt ab, ganz egal wie mächtig eine einzelne Nation auch zu irgendeinem Zeitpunkt sein mag. Viele Nationen sind irgendwann einmal mächtig gewesen – einmal war das Römische Reich am mächtigsten und dann das Reich Dschingis Khans, einmal war das deutsche Dritte Reich am mächtigsten und einmal das Britische Empire. Diese Machtverhältnisse wandeln sich. Macht verharrt nicht lange an einem und demselben Ort. Macht zerstreut sich, Macht wandert, doch ich glaube, dass sich Indien und Europa eher einer mehrpoligen Welt verpflichtet fühlen, statt sich auf eine einpolige Welt versteifen zu wollen. Nordamerika, Europa, China, Japan und Indien werden einige der wichtigsten Pole der aufkommenden globalen Gesellschaft sein, zu der eventuell auch einige Länder oder regionale Gruppen in Afrika und Lateinamerika zählen werden.

Schließlich sind Indien und Europa mit ähnlichen Bedrohungen konfrontiert. Da ist die Bedrohung durch den Fundamentalismus, die Bedrohung durch den Terrorismus und die Bedrohung durch illegale Einwanderung. Sowohl Indien als auch Europa muss sich diesen Problemen stellen. Ich brauche hier nicht in die Details zu gehen. Es ist allgemein bekannt, dass der Terrorismus seine Tentakeln mittlerweile über die ganze Welt ausgespannt hat und nicht mehr nur ein Phänomen der Entwicklungsländer ist. Allmählich beginnt er die Zentren der westlichen Zivilisation anzugreifen, während der Fundamentalismus in allen Weltreligionen sein Haupt erhebt, in manchen allerdings mehr als in anderen. Illegale Einwanderung stellt für viele Länder ein Problem dar, für die Europäische Union genauso wie für Indien.

Des Weiteren stehen beide Weltregionen vor großen und gravierenden Umweltproblemen. Die globale Erwärmung schreitet rasch voran. Tausende von Arten wurden im letzten Jahrhundert ausgerottet und Tausende von Hektar tropischer Regenwald abgeholzt, die Ozonschicht ist erschöpft und die Gletscher schmelzen, wie man anhand von Satellitenaufnahmen erkennen kann. Ich gehörte zur indischen Delegation auf der ersten Umweltkonferenz der Vereinten Nationen 1972 in Stockholm. Später folgte darauf noch die große Konferenz in Rio und manche weitere. Europa hat sich im Hinblick auf den Umweltschutz wesentlich besser entwickelt als die USA. Zumindest scheinen die europäischen Länder ernsthaft bemüht, die Emissionsnormen einzuschränken.

Eines steht allerdings fest: Indien und China brauchen mehr Wachstum, da die Bekämpfung der Armut unser wichtigstes Anliegen ist. Es ist eine schlimme Schande für uns, dass noch ein halbes Jahrhundert nach der Unabhängigkeit Millionen indischer Kinder Tag für Tag keine normale Mahlzeit bekommen. Es ist eine Schande für uns, dass Millionen indischer Kinder nicht zur Schule gehen und Millionen von Familien im Winter frieren müssen, vom Monsun durchnässt und im Sommer von der Hitze geplagt werden. Wir müssen die Armut ausmerzen und zwar noch zu unseren Lebzeiten. Wir können nicht ewig warten. Sonst werden sich die sozialen Spannungen auf ein unbeherrschbares und unkontrollierbares Maß steigern.

Daher brauchen wir Wachstum. Wenn es jedoch keine Grenzen des Wachstums im Westen gibt, weiß ich nicht, wie wir des Problems je Herr werden sollen. Ich bin Mitglied des Club of Rome. Bekanntlich hat der Club of Rome vor 30 Jahren ein Buch mit dem Titel *Die Grenzen des Wachstums* herausgegeben. Die Vorstellung, dass man immer weiter und weiter und weiter wachsen kann wie ein schauriges Monster im Film, gilt nicht mehr. Man muss irgendwann aufhören, und dies ist eine der größten Herausforderungen, vor denen wir stehen. Wir haben also viele Gemeinsamkeiten, wir müssen uns vielen gemeinsamen Herausforderungen stellen, und ich schlage vor, dass wir verschiedene Bereiche in Augenschein nehmen.

Zuerst einmal müssen unsere wirtschaftlichen Beziehungen besser und stärker werden; Binnen- und Außenhandel müssen zunehmen. Schon heute ist die Europäische Union unser größter Handelspartner. 23 Prozent unserer Exporte gehen in die EU und 21 Prozent unserer Importe stammen aus der EU, doch diese Zahlen müssen noch steigen. Die europäischen Direktinvestitionen in Indien liegen nach wie vor bei nur 0,2 Prozent der gesamten ausländischen Direktinvestitionen der EU. Das ist nicht genug. Indien ist ein aufstrebender Markt, der nach exponentiellem Wachstum verlangt, und kluge Investoren kommen nach Indien, weil wir hier ein anpassungsfähiges System haben. Wir arbeiten an unserer Infrastruktur. In den nächsten Jahren werden unsere Flughäfen hoffentlich wesentlich moderner sein als heute, unsere Straßen werden erneuert sein, und unsere allgemeine Infrastruktur wird ebenfalls besser sein.

Gleichzeitig muss der akademische Austausch intensiviert werden. Es gibt eine sehr starke und angesehene Gelehrtentradition in Europa im Hinblick auf Indien, insbesondere in Deutschland. Doch diese muss nun verbessert und modernisiert werden. Wir brauchen mehr High-Tech-Zusammenarbeit in Wissenschaft und Technik. So beteiligen wir uns zum Beispiel am Galileo-Satellitenprojekt. Ich bin Kanzler der Jawaharlal-Nehru-Universität, und wir haben mit vielen europäischen Ländern Kollaborationsvereinbarungen im Rahmen der Studentenaustauschprogramme Erasmus und Mundas. Als Präsident des ICCR (Indian Council for Cultural Relations) will ich unsere kulturellen Beziehungen weiter ausbauen. Der Tourismus muss zunehmen. Noch kommen nicht genug Europäer nach Indien. Es sollten mehr Menschen nach Indien reisen. Es gibt vieles, was wir von Europa lernen können, und auch Europa kann vieles von uns lernen. Wünschenswert wäre ein kontinuierlicher politischer Dialog zwischen Indien und der Europäischen Kommission. Einige Delegationen des Europäischen Parlaments haben unser Parlament besucht. Ich habe sie in unserem Ausschuss getroffen und hoffe, dass noch mehr kommen werden.

Der Kulturaustausch

Auf dem Gebiet des kulturellen Austauschs können wir vieles tun. Große Musik – sei es nun klassische indische Musik oder die klassische Musik des Westens –, große Malerei und großen Tanz: All das kann man in Indien ebenso finden wie in den Ländern der Europäischen Union. Wir müssen Tanz, Musik, Malerei und Theater weiter fördern. 2006 wird das Jahr Indiens in Europa sein. Wir sind das Partnerland auf der Hannover-Messe und das Gastland auf der Frankfurter Buchmesse. Im Oktober eröffnen wir in Brüssel eine große Indien-Ausstellung im Palais Bozar, die danach in Teilen durch mehrere Städte reisen wird. Lille in Frankreich wird zum Beispiel ein komplettes Indien-Fest veranstalten. In Paris findet 2007 die große Gupta-Skulpturen-Ausstellung statt, und in London werden 2006 die Bronzearbeiten aus der Chola-Epoche gezeigt.

Doch dies sind nur einige Anlässe. In meiner Funktion als Präsident des Indischen Rats für Kulturaustausch werde ich mich darum bemühen, der Intensivierung der Bindungen zwischen Indien und Europa oberste Priorität einzuräumen.

Noch viel wichtiger als all diese Einzelaspekte ist doch, ob sich unser Bewusstsein weiterentwickelt oder nicht, ob unsere spirituellen Zentren sich zu entwickeln beginnen, ob wir allmählich begreifen, dass der menschliche Geist den unauslöschlichen Funken des Göttlichen birgt und es die höchste Bestimmung des Menschen ist, diesen Funken zum lodernden Feuer der spirituellen Erkenntnis anzufachen.

Das herrliche Licht des Atman, das wahre Licht, das jeden Menschen erleuchtet, kam in die Welt, wie die Bibel sagt, das Noor-e-Illahi der Sufis, das Ek Onkar der Sikh-Gurus. Lassen wir das Licht des Bewusstseins aufleuchten, versuchen wir eine neue Art von Bewusstsein auf unserem Planeten zu entwickeln, denn während sich der Planet auf die Globalisierung zubewegt, verharren unser Verstand und unser Bewusstsein nach wie vor in präglobalen und prähistorischen Vorstellungen. Deshalb besteht die wahre Herausforderung angesichts der Globalisierung nicht darin, wie viel wir äußerlich, sondern darin, wie stark wir innerlich wachsen.

V.
Wertvolles Wirtschaften

LIZ MOHN

Führung und Unternehmenskultur als Erfolgsfaktoren der Zukunft

Globalisierung, Digitalisierung, demographischer Wandel und Werteverlust sind Schlagworte für eine Zeitenwende in Wirtschaft und Gesellschaft geworden. Die Umbrüche stellen Unternehmensstrategien, -führungen und -kulturen vor eine Bewährungsprobe. Insbesondere die Anforderungen an die Führung nehmen an Art und Umfang kontinuierlich zu.

Allerdings zeigen Erfahrungen, dass gerade in derartigen Zeiten eine wertebasierte Unternehmenskultur in Verbindung mit modernen Führungstechniken und Organisationsstrukturen Schlüsselfaktoren für unternehmerischen Erfolg und wirtschaftliche Kontinuität bilden. Damit können Unternehmen selbst einen Beitrag leisten, die Reformfähigkeit unserer Volkswirtschaft im internationalen Wettbewerb zu erhalten.

Ein rohstoffarmes Land wie die Bundesrepublik Deutschland ist auf die Innovationen seiner Unternehmen und das Wissen ihrer Menschen angewiesen, um Wachstum, Beschäftigung und Wohlstand zu sichern. Der 21. Rang im internationalen Standort-Check der Bertelsmann Stiftung verdeutlicht den großen Handlungsbedarf in unserem Land im Hinblick auf die Flexibilisierung der Arbeitsmärkte, die Liberalisierung der wirtschaftspolitischen Rahmenbedingungen, aber auch die Steigerung der Leistungsfähigkeit der Unternehmen durch die Gestaltung ihrer Führungs- und Organisationsstrukturen.[1]

Zentralistische Führungsstile und hierarchische Unternehmenskulturen entsprechen aber nicht mehr den Anforderungen der Wirtschaftswelt und des Menschenbildes. Dezentrale Strukturen, verbunden mit der Delegation von Verantwortung und dem Freiraum für kreative Lösungen, weisen den Weg in die unternehmerische Zukunft. Mitsprache am Arbeitsplatz, eine ausgeprägte Innovationskultur sowie der partnerschaftliche Dialog zwischen allen Beteiligten führen über gemeinsame Ziele zum Erfolg.

Es sind diese Strategien, die Motivation und Identifikation, Kreativität und Leistungsbereitschaft freisetzen, durch die Unternehmen im internationalen Wettbewerb konkurrenzfähig bleiben. Führung und Unternehmenskultur entwickeln sich zu einem der wichtigsten Wettbewerbsvorteile, da sie nicht ohne weiteres kopierbar sind, wie zum Beispiel Produkte und Prozesse!

Neue Herausforderungen für Unternehmen

Ein Land und seine Wirtschaft können sich der Globalisierung nicht entziehen. Um aber Kulturen auch im Unternehmen zu verändern, braucht es Zeit. Werte und Einstellungen der Menschen passen sich nur langsam neuen Lebens- und Arbeitsbedingungen an. Denn nicht Fortschrittsdenken und Reformwille dominieren heute, sondern vielfach Unsicherheit und Ängste. Stillstand ist die Folge!

Veränderungs- und Lernprozesse durch die Globalisierung, ausgelöst durch die neuen Wettbewerber, erfordern deshalb neue Strategien für Innovation und Wachstum auch für den Mittelstand und das Handwerk. Die Globalisierung ist unumkehrbar: Die Produktion folgt den Märkten, und Arbeitsplätze folgen der Produktion im Rahmen der internationalen Arbeitsteilung. Allerdings ergeben sich durch die Erschließung neuer Märkte auch unternehmerische Chancen.

Die Erweiterung der Europäischen Union verschiebt die wirtschaftlichen Kräfte und die Arbeitsmärkte durch die Aufnahme der neuen Mitgliedstaaten und konfrontiert alle betroffenen Nationen mit der Aufgabe der wirtschaftlichen und politischen Integration. Neben der Definition gemeinsamer Interessen in Politik und Wirtschaft müssen aber weiterhin nationale Besonderheiten respektiert werden, um Abwehr und Orientierungslosigkeit unter den Bürgern zu verhindern.

Moderne Technologien erleichtern Arbeits-, Kommunikations- und Entscheidungsprozesse und prägen die Unternehmenskulturen. Sie stellen gleichzeitig neue Anforderungen an Qualifikation, Flexibilität und Mobilität und können Menschen deshalb schnell überfordern. Die Aufteilung der Beschäftigten in Stamm- und Randbelegschaften erfordert zeitgemäße Definitionen von Loyalität und Methoden der Mitarbeiterbindung.

Gleichzeitig erleben Gesellschaft und Wirtschaft einen bedrückenden Werteverlust in den »Keimzellen unserer Gesellschaft«, wie zum Beispiel den Familien. Mit einer Geburtenrate von 1,36 Kindern liegt die Bundesrepublik im internationalen Vergleich auf dem 189. Platz von 192 Nationen. Die Wirkungen auf die Gesellschafts- und Sozialstrukturen sind einschneidend – wo wird Gemeinschaft noch vermittelt?

Das Selbstverständnis der Menschen hat sich in den letzten Jahrzehnten mit dem Verlangen nach selbst bestimmtem und eigenverantwortlichem Handeln grundsätzlich gewandelt. Dadurch werden zentralistische und bürokratische Führungsstrukturen allmählich abgelöst. Die Entwicklungen erfordern im Hinblick auf die Führung aber auch eine neue Balance zwischen Leistungs- und Lebenszielen.

Der demographische Wandel kehrt die Alterspyramide in den meisten westlichen Industrieländern um, ohne dass wir in Arbeitswelt, Sozialsystemen und Gesellschaft auf die Auswirkungen vorbereitet sind. Eine Studie der Bertelsmann Stiftung weist nach, dass Regionen in der Bundesrepublik in naher Zukunft 50 Prozent ihrer Bevölkerung verlieren und Landstriche wirtschaftlich und sozial zu veröden drohen – mit verheerenden Wirkungen für die Arbeits- und Lebensverhältnisse.[2]

Die Entwicklungen umfassen nur einen Ausschnitt der Herausforderungen einer globalen Wirtschaft und Gesellschaft. Demgegenüber suchen Mitarbeiter gerade in dieser Zeit nach Sicherheit, Halt, Sinnerfüllung, Kontinuität und Werten. Welche Rolle kommt Unternehmen bei der Identitätsfindung zu? Sind nicht die Folgen der Orientierungslosigkeit längst sichtbar?

Orientierung in Wirtschaft und Unternehmen

Es stimmt nachdenklich, wenn heute die Mehrzahl der Menschen in unserem Land dem Erhalt des Arbeitsplatzes Vorrang vor dem Wunsch nach Gesundheit einräumen! Alarmierend ist, wenn nach einer Studie der Bertelsmann Stiftung 75 Prozent der Jugendlichen in unserem Land die Auffassung vertreten, dass ihnen Arbeit keine Freude oder Sinnerfüllung bereiten wird. Dieser Meinung gilt es durch vorbildliche Initiativen entgegenzuwirken, die den Menschen Zuversicht und Mut in ihre eigenen Talente und Kompetenzen vermitteln.

Die Veränderungen in Gesellschaft und Arbeitswelt sowie die damit verbundene Unsicherheit bedürfen wieder eines neuen Wertegerüstes auf der Basis von Eigenverantwortung und Eigeninitiative. Dazu gehört auch die Wiederbelebung von Tugenden, wie zum Beispiel Urteilsfähigkeit, Disziplin, Zufriedenheit und Bescheidenheit. Am wichtigsten aber ist: die Neugier! Denn im Gegensatz zu aufstrebenden asiatischen Wirtschaften mutet Europa satt und müde an.

Somit gilt die Forderung: Es müssen wieder Erfolg versprechende Lösungsansätze gesucht werden, um Innovations- und Wachstumsschübe in den Unternehmen auszulösen! Aber wie und in welcher Form? Tatsache ist, dass dadurch die Anforderungen an die Führung und Mitarbeiter an Komplexität und Schwierigkeitsgrad zunehmen. Besitzstandswahrung, verkrustete Denkweisen, Streitkultur, hierarchische Führung und Machtstreben führen nicht zu Lösungen für die Probleme der Zukunft.

Tatsache ist auch, dass partnerschaftliche Zusammenarbeit, Teamgeist und Menschlichkeit in den Unternehmen verloren gehen, wenn Vorbilder und Orientierung fehlen. Dabei suchen Mitarbeiter gerade in der heutigen Zeit nach Sicherheit, Halt, Kontinuität, Transparenz und Werteorientierung.

Möglicherweise wird es zukünftig bei der Gestaltung von Führung und Unternehmenskultur auch um die Frage gehen: »Bieten Unternehmen Mitarbeitern noch eine Art von Heimat?« Wo sonst sollen Menschen zukünftig Sinnfüllung finden, wenn die traditionellen Strukturen unserer Gesellschaft brüchig werden?

Unabhängig von einzelnen Gründen für die Desorientierung der Menschen bleibt das Fazit, dass die Menschen auch in den Unternehmen nach Selbstverwirklichung, Lebenssinn, Kooperation, Gemeinschaft und Menschlichkeit in der schnelllebigen, globalen Wirtschaftswelt streben.

Grundsätze einer partnerschaftlichen Unternehmenskultur

Die Auswirkungen der oben angeführten gesellschaftlichen Umbrüche werfen bei den Führungskräften und Mitarbeitern unwillkürlich Fragen zur Gestaltung zeitgemäßer Führungs- und Organisationsstrukturen auf. Auf die Herausforderungen der Zukunft in Wirtschaft und Arbeitswelt können und dürfen Unternehmen nicht mit den Instrumenten der Vergangenheit reagieren. Eine Unternehmenskultur muss wachsen, sich bewähren und fortgeschrieben werden durch:

- den Dialog über Gerechtigkeit und Solidarität, Vertrauen und Kooperation mit den Mitarbeitern
- die Wirkung von Identifikation und Eigenverantwortung als Motivation für Mitarbeiter
- die Überwindung vermeintlicher Interessenkonflikte zugunsten eines gemeinsamen Zielverständnisses
- den Grundsatz »Eigentum verpflichtet« als Voraussetzung für die Übernahme gesellschaftlicher Verantwortung.

Im Rahmen einer internationalen Studie in renommierten Unternehmen hat die Bertelsmann Stiftung in Zusammenarbeit mit der Unternehmensberatung Booz Allen Hamilton Kriterien zur Erfassung und Gestaltung einer zeitgemäßen Unternehmenskultur entwickelt.[3]

Die Ergebnisse der Recherche bestätigen, dass jene Unternehmen, die sich erfolgreich am Markt behaupten, großen Wert auf die Ausgestaltung ihrer Unternehmenskultur legen. Die große Mehrheit der untersuchten Unternehmen sieht in ihrer Unternehmenskultur einen entscheidenden Wettbewerbsvorteil, der sich nicht nur positiv auf die Erschließung neuer Wachstumspotenziale auswirkt, sondern auch maßgeblich zur Steigerung der Unternehmens-Performance beiträgt.

Die internationalen Recherchen haben zwar die Heterogenität bei der Gestaltung zeitgemäßer Führungs- und Organisationsstrukturen aufgezeigt. Aber es lassen sich auch auffallende Gemeinsamkeiten im Zusammenhang zwischen der Gestaltung der Unternehmenskultur, dem daraus resultierenden Führungsverhalten und dem unternehmerischen Erfolg ableiten.

Unternehmenskultur als Führungstechnik der Zukunft

Trotz der Verschiedenartigkeit der Kulturansätze bezogen die besten Unternehmen ihre unternehmerische Kraft durchgängig aus Zuversicht und Erfolgsorientierung sowie der Konzentration auf die eigenen Stärken. Kompetenz, Motivation, Identifikation und Kreativität von Führung und Mitarbeitern wurden in Verbindung mit der Firmenphilosophie, den Führungswerten und Kernkompetenzen als das wichtigste Kapital des Unternehmens erkannt.

Eine Prämisse besonders erfolgreicher Unternehmen bildete die konsistente und konsequente Darlegung von Rechten und Pflichten für Führung und Mitarbeiter. Entscheidend für unternehmerischen Erfolg und wirtschaftliche Kontinuität war die Entwicklung einer partnerschaftlichen Unternehmenskultur auf den Säulen

- eines positiven Menschenbildes – Menschen wollen kreativ sein und sich einbringen
- eines gemeinsamen Zielverständnisses – Unternehmens- und Mitarbeiterinteressen müssen im Einklang miteinander stehen
- einer Wertegemeinschaft – jenseits von Profitstreben hält das Unternehmen im Innersten eine Partnerschaftskultur zusammen

- eines gemeinschaftlich getragenen Leitbildes – über Gewinnerzielung hinaus gilt die Erbringung eines Leistungsbeitrags für die Gesellschaft.

Gewinne, Größe und Wachstum können als Maßstab dienen, dürfen aber nicht allein unternehmerisches Denken leiten und zum Selbstzweck werden. Erst die Gesellschaft ermöglicht es dem Unternehmen, etwas zu leisten und Gewinne zu erzielen. Es folgt daraus eine Verpflichtung des Unternehmens, etwas an die Gesellschaft zurückzugeben.

Ökonomie und gesellschaftliche Verantwortung müssen dementsprechend keinen Widerspruch darstellen. Längst haben Unternehmen erkannt, dass es in ihrem Interesse liegt, gesellschaftliche Verantwortung nachhaltig in ihre Unternehmensstrategie zu integrieren. Denn unternehmerisches Handeln ist von der Akzeptanz des gesellschaftlichen Umfelds abhängig.

In einer Studie der Bertelsmann Stiftung bekannten sich über 90 Prozent der befragten rund 500 Führungskräfte zu einer konsequenten Mitarbeiter- und Kundenorientierung als Speerspitze ihrer gesellschaftlichen Verantwortung. Lediglich 30 Prozent der Befragten benannten ausdrücklich die Gewinnmaximierung als Hauptzweck ihres Unternehmens.[4]

Folgende Grundsätze prägen ein zeitgemäßes Verständnis einer wertebasierten Unternehmenskultur:

- Partnerschaftliche Zusammenarbeit beruht auf der Dialogfähigkeit von Führung, Betriebsrat und Mitarbeitern. Ansonsten drohen Zeit- und Geldverluste.
- Dezentrale Strukturen und Delegation von Verantwortung sind Voraussetzungen für unternehmerisches Handeln. Freiraum fördert Kreativität und bedeutet »viele Köpfe ans Denken zu bringen«.

- Delegation von Verantwortung ist ein Lernprozess mit Rechten und Pflichten auf beiden Seiten. Freiraum und Vertrauen sind »Leihgaben«.
- Die Identifikation mit den Unternehmenszielen durch Führung und Mitarbeiter ist Voraussetzung für unternehmerischen Erfolg. Mitarbeiter müssen sagen können: »Dieses Unternehmen sind wir!«
- Eigeninitiative, Mitsprache und Beteiligung sowie auch die Freiheit, aus unternehmerischen Fehlern zu lernen, setzen Kreativität und ungeahnte Fähigkeiten frei.
- Gewinnbeteiligung führt zur Mitarbeiterbindung und Identifikation mit dem Unternehmen und kann einen Beitrag zur Vermögensbildung leisten!
- Im Zeitalter der Globalisierung müssen Unternehmen Kulturen und Religionen in ihren Märkten respektieren. Menschen müssen mit ihren Mentalitäten akzeptiert und Kulturen dürfen nicht entwurzelt werden.
- Die Sicherung der Kontinuität bedarf einer geregelten Ordnung der Nachfolge und einer systematischen Entwicklung von Führungskräften. Dem Fortbestand des Unternehmens ist Priorität vor Einzelinteressen einzuräumen.
- Führung heißt auch, Gutes zu befördern, Talente zu fördern, Freiräume zu schaffen und sich um Mitarbeiter zu kümmern. Jeder Mensch ist wichtig und ein Mosaikstein im Unternehmen!
- Dezentrale Strukturen und Delegation von Verantwortung müssen mit Transparenz und damit der Kontrolle durch ein Berichtswesen einhergehen. Es sind nicht nur unternehmerische Kennzahlen zu erfassen, sondern auch die Unternehmenskultur durch Befragungen.
- Mitarbeiter und Führung sind auf ein transparentes und nachvollziehbares Leitbild sowie seine konsequente Umset-

zung in den Unternehmen zu verpflichten. Dieses Führungsleitbild ist praktisch ein »Zweiter Arbeitsvertrag«.

- Die Umsetzung der Unternehmenskultur und der Führungsgrundsätze bedarf einer Vorbildfunktion der Führung und muss vorgelebt werden. Bewahrung und Gestaltung der Unternehmenskultur sind »Chefsache«.
- Diskussionsforen und Gespräche zwischen Vorgesetzten und Mitarbeitern abseits von Hierarchien und Routinen ergänzen das Informations- und Kommunikationssystem. Sie vermitteln ein Stimmungsbild innerhalb der Belegschaft.
- Eine konsequente Mitarbeiter- und Führungskräfteentwicklung muss im Einklang mit der Unternehmenskultur und dem Führungsverhalten stehen. Fachliche, soziale, kulturelle und emotionale Befähigungen sind einzubeziehen.

Führung als unternehmerischer Erfolgsfaktor

Neben der Kontinuität in der Führung und Übernahme von unternehmerischer Verantwortung durch die Mitarbeiter zählen vordringlich die Werte, mit denen sich die Menschen im Unternehmen identifizieren. Kompetenz, Motivation, Identifikation und Kreativität von Führung und Mitarbeitern sind in Verbindung mit der Führungsphilosophie und Unternehmenskultur das wichtigste Kapital des Unternehmens. Diese Haltung muss sich zukünftig auch in der Führungskräfteauswahl und Personalentwicklung niederschlagen.

Neben den vorauszusetzenden fachlichen Fähigkeiten werden die sozialen Kompetenzen an Bedeutung weiter gewinnen. Partnerschaftliche Führung muss vorgelebt werden. Sie bedarf daher der Vorbildfunktion der Vorgesetzten auf allen Ebenen. Denn: Führungskräfte, die dauerhaft nicht in die Kultur eines Unternehmens passen, können mittelfristig im Unternehmen keinen Erfolg haben. Daher zeichnen sich vorbildliche, erfolgreiche Führungskräfte heute unter anderem durch folgende Eigenschaften aus: Kompetenz und Leistungsfähigkeit, Charakterstärke, wie zum Beispiel Bescheidenheit und Geradlinigkeit, Kommunikationsfähigkeit, Mut und Entscheidungsfähigkeit, Menschenkenntnis, Belastbarkeit, Urteils- und Bewertungsfähigkeit und auch Geduld!

Aber erst die Bewährung in einer unternehmerischen Aufgabe bildet das Fundament für die persönliche und berufliche Karriere-Entwicklung einer Führungskraft im Unternehmen. Wenn Führungskräfte sich darüber hinaus durch eine konsequente Mitarbeiter- und Kundenorientierung auszeichnen, besitzen sie die Voraussetzungen für den unternehmerischen Erfolg.

Die internationale Mitarbeiterbefragung des Hauses Bertelsmann mit über 55 000 Teilnehmern hat den Zusammenhang zwischen einem erfolgreichen Profit Center und einer partnerschaftlichen Führung bestätigt und gezeigt: Die Identifikation der Mitarbeiter mit ihren Aufgaben und der Firma sowie der wirtschaftliche Erfolg unseres Unternehmens sind untrennbar miteinander verknüpft. Firmen, deren Mitarbeiter eine hohe Identifikation mit dem Unternehmen aufweisen, sind deutlich ertragreicher als andere.

Die partnerschaftliche Unternehmenskultur trägt spürbar zur Mitarbeiteridentifikation bei. Besondere Bedeutung hat hierbei die Führungsleistung des direkten Vorgesetzten und der Geschäftsleitung. Sie bestimmen den Freiraum, den Mitarbeiter bei ihrer Arbeit erfahren.

Noch wichtiger als eine hohe Vergütung sind den Mitarbeitern die folgenden Faktoren: die Delegation von Verantwortung, die Mitwirkung in Arbeitsprozessen und der Freiraum zum eigenständigen, kreativen Arbeiten. Erfahren Mitarbeiter Wertschätzung in der Arbeit durch selbstbestimmtes Handeln, werden lange Arbeitszeiten oder Arbeitsspitzen oftmals nicht als Belastung empfunden.

Warum sind die Ergebnisse aus der Mitarbeiterbefragung für die Gestaltung einer Unternehmenskultur und Führung in den Umbrüchen einer Zeitenwende so wichtig?

Plädoyer für einen Umdenkungsprozess in Wirtschaft und Unternehmen

Unsere Welt ist komplex, global und schnelllebig geworden: Führungskräfte und Entscheidungsträger können zwar überblicken, was in den vergangenen zehn Jahren geschehen ist, wissen aber nicht, was in den nächsten zehn Monaten geschehen wird.

Orientierungslosigkeit und Werteverlust als Konsequenz dieser Unsicherheiten erfordern eine verstärkte Suche nach auf den Menschen ausgerichteten, Erfolg versprechenden Ansätzen zur Führung und Unternehmenskultur. Neben der Umsetzung eines Leitbildes sind es der Ausgleich zwischen den Stakeholder-Interessen, dezentrale Strukturen und Delegation von Verantwortung sowie eine konsequente Führungskräfteentwicklung und die Sicherung der Unternehmenskontinuität, die mittelfristig den unternehmerischen Erfolg gewährleisten.

Dass Unternehmenskultur und Führung über die Rendite- und Gewinnorientierung hinaus mit einem hohen Maß an gesellschaftlichem Verantwortungsbewusstsein einhergehen müssen, haben erfolgreiche Unternehmensbeispiele bewiesen. Nur durch eine partnerschaftliche Unternehmenskultur und Führung wird es auch in Zukunft gelingen, die Wettbewerbs- und Zukunftsfähigkeit eines Unternehmens zu sichern und erfolgreiche unternehmerische Leistungen zu erbringen. Nur so werden durch die Expansion und das Wachstum des Unternehmens neue Arbeitsplätze für viele Menschen über die Grenzen eines Landes hinaus bereitgestellt werden können.

Auf diese Weise wird aber auch die Grundlage geschaffen, durch die Suche und die Umsetzung tragfähiger, gemeinschaftlicher Lösungen im Konsens und Dialog gerade auch unvermeidliche Unternehmenskrisen zu überwinden. Denn letztlich kann nur so gewährleistet werden, dass in einer schnelllebigen, globalen Wirtschaftswelt Identifikation und Sinnstiftung, Motivation und Kreativität, Selbstverwirklichung und Arbeitszufriedenheit entstehen.

Deutschland und Europa brauchen innovative, leistungsstarke Unternehmen, um sich im internationalen Standortwettbewerb zu behaupten und sollten wieder mit Stolz auf die vielen guten und erfolgreichen Unternehmen und Unternehmer blicken. Die Mehrzahl dieser Unternehmen beweist jeden Tag im internationalen Konkurrenzkampf, dass sie wirtschaftliches Leistungsvermögen mit gesellschaftlicher Verantwortung in Einklang bringen kann.

Die Führung und die Unternehmenskultur können einen wertvollen Beitrag dazu leisten, die Weichen für Innovation und Wachstum und damit Beschäftigung und Wohlstand zu stellen. In diesem Umdenkungs- und Umsetzungsprozess liegt eine der Gestaltungsaufgaben der Unternehmensführung und eine große unternehmerische Chance – denn: Die Gestaltung der Unternehmenskultur wird zu der Führungstechnik der Zukunft!

Anmerkungen

1 Vgl. Bertelsmann Stiftung (Hrsg.): *Standort-Check Deutschland 1/2006*. Gütersloh 2006.

2 Bertelsmann Stiftung: »Informations- und Frühwarnsystem für den demographischen Wandel«. Gütersloh 2006. www.aktion2050.de/wegweiser.

3 Die Untersuchung bildet die Recherchebasis anlässlich des von der Bertelsmann Stiftung verliehenen Carl Bertelsmann-Preises 2003 zum Thema »Unternehmenskultur und Führung als Erfolgsfaktoren« ab.

4 Vgl. Bertelsmann Stiftung (Hrsg.): *Die gesellschaftliche Verantwortung von Unternehmen*. Gütersloh 2005.

MICHAEL HILTI

Werteorientierte Unternehmensführung

Die Anfrage, aus Anlass des 85. Geburtstages von Reinhard Mohn einen Buchbeitrag zu leisten, hat mich nicht nur gefreut, sondern ist mir auch eine ganz besondere Ehre. Reinhard Mohn durfte ich 2003 persönlich kennen und schätzen lernen. Es war dies das Jahr, in welchem unser Unternehmen mit dem Carl Bertelsmann-Preis für »Unternehmenskultur und Führungsverhalten als Erfolgsfaktoren« ausgezeichnet wurde.

Im Gespräch mit Reinhard Mohn wie auch beim Studium seines Buchs »Die gesellschaftliche Verantwortung des Unternehmers« zeigten sich viele gedankliche Übereinstimmungen über die Wichtigkeit von Werten in unserer heutigen Welt, über die Wichtigkeit, Menschen in ihrer Arbeit Sinn und Erfüllung zu geben, sowie über die Wichtigkeit, Unternehmenswachstum mit persönlichem Wachstum und persönlicher Entwicklung in Einklang zu bringen.

Reinhard Mohn und auch die interessierte Leserschaft mögen mir verzeihen, wenn ich diese Gelegenheit nutze, einen persönlichen und vielleicht nicht immer emotionsfreien Beitrag zu dem mir vorgegebenen Thema zu schreiben. Das Erlebnis »kontinuierlich praktizierter werteorientierter Unternehmensführung« hat mich seit vielen Jahren begeistert und fasziniert und war immer wieder Quelle der Kraft und Ansporn zugleich, auf diesem Wege beharrlich weiterzugehen. So möchte ich mich bei meinen Ausführungen über werteorientierte Unternehmensführung nicht auf die Wiedergabe theoretischer Grundlagen fokussieren, sondern mich primär auf die praktischen, langjährigen Erfahrungen aus unserem eigenen Unternehmen stützen, denn diese sind mir am besten vertraut. Es ist auch keineswegs meine Absicht, belehrend zu sein oder aufzuzeigen, was richtig oder falsch ist, was als »Best Practice« dienen könnte und was nicht, denn jedes Unternehmen ist aufgrund seiner Herkunft, seiner Branche, seiner Geschichte und Entwicklung und seiner in ihm tätigen und tätig gewesenen Menschen in sich einzigartig und mit keinem anderen eins zu eins vergleichbar.

Wenn es mir aber gelingen sollte, Impulse zum Nachdenken und zur eigenen Aktivität zu setzen, dann hat dieses kleine persönliche Geschenk an Reinhard Mohn sicher in seinem Sinne seinen Zweck erfüllt.

Der Mensch als entscheidender Faktor

Nach über 20 Jahren systematischer Verankerung von klaren Wertevorstellungen in unserem Unternehmen – heute mit über 16 000 Mitarbeitern weltweit – können wir anhand von Korrelationen aufzeigen, dass vorbildliches, werteorientiertes Führungsverhalten massgeblich zur Mitarbeiterzufriedenheit beiträgt. Diese wiederum beeinflusst in starkem Maße die Kundenzufriedenheit und erzeugt als Ergebnis höhere Effizienz und Effektivität, sprich Produktivität, und steuert damit erheblich zu einem nachhaltigen wirtschaftlichen Erfolg des Unternehmens bei. Wenn bei einem über Jahre hinweg kontinuierlich erfolgreichen Geschäftsgang bei den regelmäßigen

Mitarbeiterbefragungen über 92 Prozent ihre Bereitschaft ausdrücken, sich persönlich voll einzusetzen, um das Unternehmen Hilti erfolgreich zu machen, und nicht weniger als 85 Prozent ihren Stolz zum Ausdruck bringen, beim und für das Unternehmen Hilti zu arbeiten, dann sind das klare und eindeutige Signale, dass werteorientierte Unternehmensführung nicht irgendeine philanthropische, schöngeistige Managementübung ist, sondern eine ganz entscheidende Managementfähigkeit und Kompetenz, die zu wesentlichen unternehmerischen Erfolgsfaktoren wird:

- im dauernden Streben nach einer Spitzenstellung und somit im ständigen Kampf gegen Mittelmäßigkeit
- zur nachhaltigen Differenzierung im globalen Wettbewerb, denn gelebte Werte und Unternehmenskulturen lassen sich nicht kopieren
- im weltweiten Kampf um die besten Talente, in der Steigerung der Attraktivität als Arbeitgeber.

Wir alle wissen, die Menschen – also unsere Mitarbeiter – sind die entscheidende Größe, welche unseren langfristigen Erfolg oder Misserfolg bestimmt. Die besten Strategien, die besten Produkte, die besten Strukturen und Prozesse nützen nichts, wenn wir die falschen Mitarbeiter in unseren Unternehmen oder die richtigen Mitarbeiter an den falschen Positionen haben. Unsere Mitarbeiter sind der entscheidende Faktor für die Qualität der Umsetzung und Durchsetzung unserer Geschäftsziele, für die Fähigkeit zur Veränderung, für Flexibilität und Anpassungsfähigkeit, für Kreativität und Innovation in allen Bereichen.

Nur erfolgreiche Mitarbeiter schaffen erfolgreiche Unternehmen, und so erstaunt es auch nicht, dass jedes Unternehmen in seinem Leitbild beziehungsweise in seinen Führungsgrundsätzen die Wichtigkeit und Bedeutung der Mitarbeiter hervorhebt und dies in Hochglanzbroschüren plakativ dokumentiert.

Doch leider, wie vielfach im Leben, sind Wort und Tat allzu selten deckungsgleich, reflektieren sich Wissen und Erkenntnis nicht immer in entsprechenden Handlungsmaximen – sonst hätten wir nicht so viele erschreckende Fälle und Berichte über die Anzahl »stiller« Kündigungen, über reinen Dienst nach Vorschrift bis hin zur Arbeitsverweigerung, über demotivierte und psychisch kranke Mitarbeiter, über Massenentlassungen, über Egotrips, Selbstbedienung, Vertrauensverlust in und gegenüber den Chefetagen, über Verwerfungen mit schwerwiegenden sozialen und gesellschaftspolitischen Folgen.

Wenn aber die langfristigen Vorteile einer werteorientierten Unternehmensführung so offensichtlich sind, ist die Frage berechtigt, warum sich so viele Führungskräfte und Unternehmen derart schwer damit tun, werteorientiert zu führen. Meines Erachtens liegt ein gewichtiger Grund darin, dass für eine werteorientierte Unternehmensführung immer zwei wesentliche Voraussetzungen gegeben sein müssen. Es ist einerseits die Notwendigkeit einer langfristigen Definition der angestrebten Werte; denn Werte, die einer dauernden Veränderung unterworfen sind, werden nicht mehr als Werte erkannt. Andererseits sind es die Bereitschaft, die Fähigkeit und vor allem der Wille – wenn nicht gar die »Besessenheit« –, diese Werte auch wirklich zu leben, insbesondere als Führungskraft täglich vorzuleben, und dies nicht nur in guten Zeiten, sondern eben auch in schwierigen.

Erst wenn man sich über diese Voraussetzungen und die daraus entstehenden Folgen im Klaren, bereit und willens ist, diese Folgen mit allen Konsequenzen zu tragen, sollte man sich mit werteorientierter Unternehmensführung eingehend beschäftigen. Solange man noch nicht so weit ist, sollte man es lieber bleiben lassen und sein Glück auf anderen Wegen suchen, denn sonst belastet man nicht nur sich selbst, sondern in einem viel wesentlicheren Maße auch seine Mitarbeiter. Werteorientierte Unternehmensführung kann nicht einfach angeordnet werden und entsteht dann kurzfristig von selbst. Sie ist vielmehr immer das Resultat einer Entwicklung von sehr langer Dauer, verbunden mit einem Prozess der ständigen Evolution, in dem stets nur auf dem effektiv Erreichten und in der Praxis Erlebten weiter aufgebaut werden kann.

Der Weg ist das Ziel

Auch unser Unternehmen war bereits in der Vergangenheit durch starke Werte geprägt. Diese waren wesentlich durch den Mitgründer und langjährigen Leiter des Unternehmens, Martin Hilti sen., beeinflusst, und so waren diese Werte verständlicherweise im Wesentlichen personenbezogen und somit auch personenabhängig. Es zeigte sich aber nach einer Phase der starken Expansion sowohl bezüglich Umsatzwachstums als auch weltweiter Marktpräsenz in den 70er und frühen 80er Jahren, dass sich unterschiedliche Wertevorstellungen innerhalb des Unternehmens personenbestimmt entwickelten. Werte, die teilweise in Konflikt zueinander standen. Wir hätten uns damals auf den Standpunkt stellen können, solange das Geschäft gut gehe und weiter wachse, sei dies kein wirkliches Problem. Hätten wir uns damals so verhalten, hätte Hilti sich nicht wesentlich von vielen Unternehmen in ähnlicher Situation unterschieden.

In Erkenntnis der Sachlage hatten wir aber eine andere, stärker herausfordernde Vision als nur Wachstum des Geschäfts und Maximierung des Gewinns. Wir sahen die Chance, Unternehmenswachstum mit persönlichem Wachstum und Entwicklung in Einklang zu bringen und damit der Arbeit einen Sinn zu geben und gleichzeitig persönliche Erfüllung zu schaffen. Dies konnte nur durch ein grundsätzliches gegenseitiges Einvernehmen in Fragen wie den folgenden entstehen: Wie arbeiten wir? Wie arbeiten wir zusammen, wie gehen wir miteinander um? Wie verhalten wir uns, und wie kommunizieren wir? Wie führen wir – uns selbst und andere?

Angestrebt wurde also ein grundsätzliches Einvernehmen, basierend auf gemeinsamen Werten und Zielen, die unser Denken und Handeln bestimmen sollten und damit die Voraussetzung für eine sinnvolle und konstruktive Zusammenarbeit schufen. Im Sport würde man sagen, wir haben uns verbindliche Spielregeln vorgegeben, die für alle ohne Ausnahme und ungeachtet der hierarchischen Stellung gelten.

Das mag zwar sehr banal und selbstverständlich klingen, die vermeintliche Banalität und Selbstverständlichkeit hört aber spätestens bei der praktischen Umsetzung, dem täglichen Leben und der Durchdringung des Unternehmens mit diesen einheitlichen Werten auf. Ich kann mich noch gut an die ersten Schritte vor 20 Jahren weg von personenbezogenen und personenbestimmten Werten in Richtung gemeinsamer, unternehmensweit akzeptierter Werte erinnern. Anfänglich wurden unsere Anstrengungen von vielen in unserem Unternehmen lediglich als ein weiteres Managementschwerpunktprogramm und -thema angesehen, wie damals beispielsweise die Anstrengungen bezüglich Total Quality Management oder das Reengineering. Es sei, so hieß es, eine Managementinitiative mit hoher Intensität und Aufmerksamkeit des Topmanagements, zeitlich aber beschränkt, sodass nach deren Abschluss

Rückkehr zum »business as usual« angesagt sein würde. Auch diese Welle würde man überstehen wie viele andere Initiativen zuvor.

Es sollte sich aber zeigen, dass sich sowohl die Personen mit dieser Meinung gravierender getäuscht haben als auch wir selbst, die wir fest an die Richtigkeit dieses Schrittes zu einer systematischen, werteorientierten Unternehmensführung glaubten. Die wirkliche Dimension dieses ursprünglich intuitiven Gedankens hatten wir völlig unterschätzt. Die Wirkung war enorm, und in der Folge waren es auch die Auswirkungen auf das ganze Unternehmen. Die Frage, ob wir diesen Schritt wieder machen würden, wenn wir um die Dimension gewusst hätten, ist aufgrund der eingangs genannten positiven Ergebnisse müßig. Was aber hätten wir anders angepackt? Wir hätten, insbesondere was die Anfangsphase betrifft, den Schritt zur werteorientierten Unternehmensführung mit noch größerer Beharrlichkeit und noch konsequenter getan. Entscheidend ist im Endeffekt aber nicht, was man hätte besser machen können oder nicht, sondern einzig die Tatsache, dass wir diesen Schritt getan haben und uns vom eingeschlagenen Weg trotz einiger Stolpersteine nie mehr haben abbringen lassen.

Wir sprechen nach über 20 Jahren der systematischen Durchdringung unseres Unternehmens mit einer werteorientierten Führungsphilosophie nun nicht mehr vom »Weg«, sondern von einer »Reise«, von »Our Culture Journey«. Es ist eine Reise, die niemals aufhören und nur von Zwischenstopps zur Positionsbestimmung und zur Vorbereitung der nächsten Reiseetappe unterbrochen wird. Was waren nun aber die wesentlichen Erfahrungen auf dieser langen Reise?

Wesentliche Erfahrungen

Werte müssen verinnerlicht werden, müssen ständig präsent sein. So ist es wenig sinnvoll, eine Vielzahl von Werten als allgemein verbindlich zu erklären, wenn die Menschen im Unternehmen diese nicht sofort geistig in jeder Situation abrufen können. Deshalb haben wir uns entsprechend von einer ursprünglich größeren Anzahl von Werten auf heute nur noch vier Werte – wir sprechen von so genannten Kernwerten – fokussiert. Es sind dies *Integrität, Mut zur Veränderung, Teamarbeit und hohes Engagement*. Wir halten diese heute in Form einer Nadel innerhalb eines Kompasses fest, der die Richtung auf unserer Reise bestimmt. Mit dieser plakativen Darstellung in allen Konzernsprachen ist eine unmittelbare Wiedererkennung verbunden und damit eine stärkere Einprägung.

Fragt man 20 Personen, was der Begriff »Integrität« für sie beinhaltet, wird man 20 unterschiedliche Antworten erhalten. Die Gründe dafür liegen in unterschiedlicher persönlicher Entwicklung, unterschiedlicher Ausbildung, unterschiedlichen Lebenserfahrungen, unterschiedlichen Kulturen, Religionen oder Normen, mit denen man aufgewachsen ist. So geht es nicht nur darum, den Wertebegriff als solchen zu definieren, sondern auch seinen Inhalt, wobei – dies ist für eine international tätige Unternehmung die besondere Herausforderung – in der Interpretation und der Umsetzung den spezifischen kulturellen Unterschieden Rechnung getragen werden muss. So steht beispielsweise der Wert »Integrität« für *authentisch, konsistent, voraussagbar* und *berechenbar*. Dieser Wert ist unterlegt mit verschiedenen Lebensprinzipien:

- der persönlichen Ausrichtung auf Kernziele und Werte
- das »Walk the Talk«, das heißt, dass man auf Reden auch Taten folgen lässt und dabei authentisch, konsistent und vo-

raussagbar bleibt, was erst das notwendige Vertrauen erzeugt
- der Aufrichtigkeit und der Authentizität in allen Geschäftsbeziehungen gegenüber jeder Person, innerhalb wie außerhalb des Unternehmens
- der Demonstration von Verantwortung für Gesellschaft und Umwelt
- der Verantwortlichkeit für die eigenen Taten und deren Folgen.

Diesen Wert mit seinen Lebensprinzipien gilt es nun in der ganzen Organisation – nicht nur in den einzelnen Bereichen, Abteilungen, Teams und bei jeder Person – stufengerecht zu thematisieren und dabei das Verständnis zu erzeugen, was jeder Einzelne, jedes Team, jeder Bereich und jede Abteilung umgekehrt zum praktischen Leben dieses Werts beitragen kann und muss. Was in Zentraleuropa noch selbstverständlich zu sein scheint, wird dann in anderen Kulturkreisen zu einer mehrdimensionalen Herausforderung für die Führungskräfte.

Werteorientierte Unternehmensführung muss insbesondere vom Topmanagement verinnerlicht, praktiziert und täglich vorgelebt werden, und zwar nicht nur von jedem Einzelnen alleine, sondern auch als Team. Mit der Vorgabe eines Werteprofils geben wir jedem unserer Mitarbeiter die Möglichkeit zu messen, inwieweit wir uns wertekonform verhalten, und wir werden daran gemessen, ständig und überall. Eine werteorientierte Unternehmensführung fordert daher die Führungskräfte in besonderem Maße. Sie müssen sowohl die ständigen und oft auch ungeduldigen Treiber der Werteverankerung sein, gleichzeitig aber auch das motivierende Vorbild. Werteverankerung beziehungsweise die Entwicklung oder Stärkung einer

Unternehmenskultur ist nicht delegierbar, sondern immer Eigensache. Natürlich gibt es Bereiche und betriebliche Institutionen, die auf diesem Weg unterstützend helfen können, aber die Verantwortung über Erfolg oder Misserfolg, über Glaubwürdigkeit oder Makulatur und Alibiübung, über Vertrauen oder Misstrauen liegt allein beim Management und insbesondere beim Topmanagement eines Unternehmens.

Niedrige Werteorientierung – hervorragende Resultate?

Diesem Dilemma müssen wir uns alle stellen. Gerade hier muss sich eine werteorientierte Unternehmensführung klar positionieren. Wie im Sport, wo Verstöße gegen die Spielregeln im Extremfall mit Ausschluss bestraft werden, müssen auch in einem Unternehmen Verstöße gegen die Werte geahndet werden. Es ist wenig sinnvoll, allgemein verbindliche Werte zu definieren und zu propagieren, wenn diese in der Praxis optional sind, denn dann sind sie logischerweise nicht mehr allgemein verbindlich. Und es ist geradezu sinnlos, jemanden besonders zu behandeln (»All are equal, but some are more equal«), nur weil er hervorragende Resultate für das Unternehmen erbringt. Das mag kurzfristig von Vorteil sein, langfristig wird diese Person – und wenn es der Vorstandsvorsitzende selbst ist – dem Unternehmen, dessen Anspruch auf Werteorientierung und seiner Glaubwürdigkeit schweren bis schwersten Schaden zufügen.

Wenn jemand andere Werte leben will, soll er sie dort leben, wo seine Werte ebenfalls gelebt werden. Eine solche Entscheidung täte der Wertigkeit dieser Person als solcher keinen Abbruch, doch er oder sie passt einfach nicht in das Unternehmen. Mit Wertekonflikten zu arbeiten macht eine sinnvolle und konstruktive Zusammenarbeit unmöglich. Ein Beispiel aus dem Sport: Ein Tennisspieler spielt nach anderen Regeln als ein Fußballspieler und passt daher mit seinem Regelverständnis nicht ins Fußballteam, auch wenn er der beste Profi ist. Oft wird in solchen Fällen unter dem Gesichtspunkt »Toleranz« keine Entscheidung getroffen und damit der gesamtheitliche Wertansatz unglaubwürdig gemacht. Toleranz aber gibt es nur bei Meinungen und nicht bei Fakten. Wer faktische Regelverstöße »toleriert«, egal bei wem, sorgt für Verwirrung und Unklarheit in Situationen, in denen konsequentes und mutiges Führungsverhalten gefragt ist. Konsequenz in der Anwendung sorgt für Klarheit, Transparenz und Nachahmung.

»Nur was gemessen wird, wird auch getan«, heißt eine alte Managementweisheit, die auch für werteorientierte Unternehmensführung ihre unbestrittene Gültigkeit besitzt. Wir sprechen von unserer Culture Journey, von unserer Reise also, und genau so, wie man wissen muss, was das Ziel und die Richtung ist (Werte als Kompass), muss man auf dieser Reise auch wissen, wo man steht und was man sich selbst – als Team, als Abteilung, als Bereich, als Organisationseinheit, als Unternehmen – für die nächste Reiseetappe vornimmt, um dem Ziel näher zu kommen. Das bedeutet in der Konsequenz eine klare Standortbestimmung mit der Darstellung des Grades der jeweiligen Zielerreichung sowie der Darstellung aller Schwächen und Unzulänglichkeiten. Wir nennen dies die »Brutal Facts«. Es geht dabei nicht um die Suche nach Schuldigen und Entschuldigungen, sondern um die offene und ehrliche Analyse des Ist-Zustands als Referenzpunkt für die zu ergreifenden Maßnahmen, und dies wiederum in der gleichen Reihenfolge von persönlichen Maßnahmen, die mich selbst als Person betreffen, bis hin zu Maßnahmen auf oberster Unternehmensebene.

Um diesen Prozess der Standortbestimmung zu beschleunigen und den »Sense of Urgency« – wie es die angelsächsische Welt so schön beschreibt – zu verstärken, führen wir heute jährlich weltweit eine alle Mitarbeiter umfassende Meinungsumfrage durch. Vor 20 Jahren erfolgte diese Umfrage noch in einem Dreijahreszyklus selektiv, später in einem Zweijahreszyklus, und nun seit einigen Jahren im Jahreszyklus unternehmensweit. Die Beteiligungsrate von 91 Prozent weltweit zeigt nicht nur die hohe Akzeptanz dieser freiwilligen Umfrage, sondern auch den Wert, der von allen Beteiligten in dieser Umfrage und ihren Ergebnissen gesehen wird. Sie ergibt nicht nur ein aktuelles Spiegelbild des Ist-Zustands über die ganze Unternehmung, ihre einzelnen Organisationseinheiten, Bereiche, Abteilungen und Teams, sie dient zugleich als Fortschrittskontrolle im Vergleich zur letzten Befragung und damit als Erfolgsausweis über die jeweils ergriffenen Maßnahmen. Diese Aktivitäten sind jeweils auch Teil der jährlichen Zielvereinbarung und somit der jährlichen Leistungsbewertung und Mitarbeiterbeurteilung, deren Ergebnisse zum Beispiel auch als Beurteilungsgrundlage für Beförderungen herangezogen werden.

Zusätzlich hat es sich gezeigt, dass Wertetraining nicht eine einmalige Sache sein kann, sondern in definierten Zeitperioden weitergeführt werden muss. Diese umfassen heute Zeiträume zwischen 15 und 18 Monaten und schließen wiederum alle Mitarbeitenden weltweit ein. Auch diese Trainingscamps dienen der kritischen Standortbestimmung, der Prioritätenfestlegung und der Stärkung der Zusammenarbeit. Für uns selbstverständlich, aber vielleicht doch erwähnenswert ist der Sachverhalt, dass die einzelnen Konzernleitungsmitglieder in diesen Trainingscamps immer eine aktive Rolle wahrnehmen und Coach und Beispiel zugleich sind. Die Kombination von

Leistungszielen, was das Leben von Werten betrifft, mit den Ergebnissen der Mitarbeiterumfrage und auch den Erkenntnissen aus den einzelnen Trainingscamps ist Quelle und Anstoß zugleich, sich immer wieder neue Grenzen auf dem Weg zum Erfolg zu setzen und die Reise fortzuführen.

Werteorientierung versus Wertorientierung

Werteorientierte Unternehmensführung muss in guten wie in schlechten oder schwierigen Zeiten Beständigkeit aufweisen und darf nicht situationsbezogen in nur noch wertorientierte Unternehmensführung umschlagen, bei welcher nur die Zahlen, das finanzielle Ergebnis und nicht mehr die Menschen im Fokus stehen. Werteorientierung bedeutet nicht, dass Wert vernichtet wird, wie fälschlicherweise oft angenommen wird. Unsere Erfahrung zeigt gerade das Gegenteil: Es wird nachhaltig substanzieller Wert geschaffen. Man rechne alleine die Kosteneinsparungen bei einer um ein oder zwei Prozent geringeren Fluktuation oder die Zeit und die Ressourcen, die durch Machtkämpfe und Reibungsverluste, ganz zu schweigen von Frustration und innerer Kündigung oder auch inneren Krisen, gebunden und vergeudet werden. Man überlege sich, wie viel mehr erreicht werden könnte, wenn das begrenzte Energiepotenzial der Mitarbeiter nicht für interne Auseinandersetzungen, sondern zur Begeisterung von Kunden eingesetzt würde!

Leider wird solchen Betrachtungen zu wenig Augenmerk geschenkt und ihre Kosten werden nur unzureichend erfasst, denn sonst würde es allzu offensichtlich, dass die unbestritten nicht unbeträchtlichen jährlichen Aufwendungen (in unserem Falle ein zweistelliger Millionenbetrag), welche für eine systematische werteorientierte Unternehmensführung notwendig sind, außerordentlich gut und sinnvoll investiertes Kapital mit hoher Wertschöpfung sind.

In der Vergangenheit waren auch bei der Hilti-Gruppe Ausbildung, Fachwissen, berufliche Erfahrung und soziale Kompetenz die ausschlaggebenden Kriterien bei der Einstellung, Bewertung und Beförderung von Mitarbeitern. Das praktizierte Leben von Werten und die kulturelle Kompetenz hingegen wurden eher als »nice to have« angesehen. Demgegenüber sehen wir in den letzten Jahren eine dramatische Umkehrung des Rankings dieser Beurteilungskriterien. Das erste und wichtigste K.-o.-Kriterium ist die kulturelle Kompetenz und damit die grundsätzliche Übereinstimmung mit unseren Werten geworden. Verfügt ein potenzieller Kandidat oder eine potenzielle Kandidatin nicht über diese Kompetenz, ist die Grundlage für eine weitere Prüfung für eine Einstellung nicht gegeben, mag sie oder er noch so hervorragende Leistungsausweise mit sich bringen. Man erinnere sich an das Beispiel von Fußballspieler und Tennisspieler …

Das Gleiche gilt natürlich auch für die jährlichen Beurteilungsgespräche sowie die langfristige Karriereplanung. Hier reden wir dann nicht mehr von der Nichtübereinstimmung der Werte – in diesem Fall wäre eine Trennung ohnehin erfolgt –, sondern von der Beurteilung des Grades der Übereinstimmung, der Fähigkeit, Werte zu leben und vorzuleben, sowie der Fähigkeit, Mitarbeitende in ihrer kulturellen Kompetenz zu fördern und zu entwickeln. Da wir hier von einem so genannten »Soft Factor« sprechen, den zu beurteilen ungleich schwieriger ist als harte Faktoren, werden an die Arbeit der Personalabteilungen, insbesondere aber der direkten Vorgesetzten im Rahmen der Personalbeurteilung und Personalentwicklung ungleich höhere Anforderungen gestellt.

In Kontakten mit anderen Unternehmungen beziehungsweise bei Vorträgen und Präsentationen erlebe ich oft, dass werteorientierte Unternehmensführung als etwas betrachtet wird, das neben dem normalen Führungsprozess noch zusätzlich abläuft. Man tut es, weil es sich schickt und weil es andere auch tun, aber es ist weder verinnerlicht noch integraler Teil des Geschäftsverständnisses. Man schickt Mitarbeiter auf Kulturseminare, lässt aber die Konzernleitung außen vor, weil diese entweder schon alles weiß, also das nicht mehr braucht, oder, weil man Angst hat, offen Schwächen zu zeigen und auch zu diesen Schwächen zu stehen.

So wird und kann werteorientierte Unternehmensführung nie funktionieren, denn soll sie wirklich im Unternehmen fest verankert werden, muss sie jeden Winkel des Unternehmens durchdringen.

Ein Beispiel dazu: Wenn wir uns dazu bekennen, jegliche Art von Korruption oder Bestechung in unseren Geschäftsbeziehungen nicht zuzulassen, müssen wir mit der Konsequenz leben, dass wir in einigen Regionen der Welt gewisse Geschäfte nicht tätigen können oder verlieren. Wie man nicht »halbschwanger« sein kann, kann man auch nicht situativ werteorientiert führen und dann wieder nicht. Die Organisation und ihre Menschen schauen genau hin und wissen meistens sehr bald, inwieweit es dem Unternehmen und natürlich insbesondere der Unternehmensführung mit werteorientierter Führung ernst ist oder nicht – und sie werden sich dementsprechend ausrichten. Daher sind die im alltäglichen Arbeitsprozess gemachten Erfahrungen immer noch der stärkste und ehrlichste Gradmesser, ob Worte und Taten in Einklang stehen und wie weit es mit der Glaubwürdigkeit und damit dem Vertrauen in die Führung her ist. Im negativen Falle nützen alle schönen Sprüche im Unternehmensleitbild über die große Wichtigkeit der Mitarbeitenden für das Unternehmen nichts, sondern wirken eher kontraproduktiv.

Ein Plädoyer für werteorientierte Unternehmensführung

Werteorientierte Unternehmensführung ist vergleichbar mit der Pflege einer hochempfindlichen Pflanze, die sich vom zarten Spross über die Jahre hinweg zu einem stattlichen und starken Baum entwickeln, doch ebenso gut durch einen kleinen Kupfernagel zerstört werden kann. Ein solcher Kupfernagel kann im Unternehmen das Fehlverhalten von Führungskräften, das Tolerieren von Verstößen gegen die Werte, das Nachlassen beziehungsweise die Sorglosigkeit im kontinuierlichen Bemühen auf dem Weg der dauerhaften Verankerung von Werten sein. Werteorientierte Unternehmensführung lebt ganz besonders von *Kontinuität*, wobei diese Kontinuität nicht mit der Kontinuität der Führungspersonen als solche gleichgesetzt werden darf, denn wir sind alle ersetzbar. Es ist vielmehr die Kontinuität im Leben der Werte, in der Durchdringung der Unternehmung mit diesen Werten, immer mit dem Ziel, Menschen Sinn und Zweck in ihrer Arbeit zu geben, sowie die Möglichkeit der persönlichen Entwicklung und des persönlichen Wachstums. Herzblut, emotionale Bindung, Identifikation, Stolz können nur dann entstehen, wenn das Bewusstsein vorherrscht, für etwas Sinnvolles und Wertvolles zu arbeiten.

Menschen haben großartige individuelle Potenziale, auch wenn sie sehr unterschiedlich sein können. Die Herausforderung an uns Führungskräfte ist, diese Potenziale freizusetzen, sie zur Geltung zu bringen, entsprechende Freiräume zu schaffen und zu gewähren, die eigene Leistung ermöglichen. Das geschieht durch gegenseitigen Respekt und Toleranz, durch Anerkennung der Wertigkeit der anderen Person, ihrer Talente und ihres Charakters – ungeachtet ihrer Stellung im Unternehmen – wie auch durch Wertschätzung und Anerkennung ihrer Arbeit und ihres Beitrags zum Erreichen der gemeinsamen Ziele und Werte. Menschen mit einer hohen emotionalen Bindung an das Unternehmen und starker Identifikation mit diesem brauchen nicht ständige »Motivationsspritzen«, sie sind in hohem Grade selbst motiviert, sind in ungleich höherem Maße als andere bereit, zu geben und sich einzusetzen, und das ist der entscheidende Faktor im globalen Wettbewerb.

Was wir in den 20 Jahren auf unserer Reise erlebt haben, war eine außerordentlich gute Erfahrung, verbunden mit hoher eigener Befriedigung, wirklich etwas sehr Sinnvolles geschaffen zu haben. In einer Welt des ständigen Wandels wird die Fähigkeit der Eigendynamik, die zur ständigen Veränderung, Verbesserung und Erneuerung antreibt, immer wichtiger. Dies aber nicht durch Druck aufgrund von internen oder externen Sachzwängen, sondern aufgrund einer ständigen inneren Dynamik, durch offene und kritische Hinterfragung der eigenen Stärken und Schwächen, aber auch im Vertrauen auf die eigene Leistungsfähigkeit, die Begeisterung und das entgegengebrachte Vertrauen der Mitarbeiter. Werteorientierte Unternehmensführung ist der Schlüssel dazu; sie stärkt die Einzigartigkeit des Unternehmens und seiner Mitarbeiter, seiner Einzigartigkeit, die auch Kunden emotional bindet. Werteorientierte Unternehmensführung wird so vom »Soft Factor« zum »Hard Factor« oder, anders ausgedrückt, zu einer der entscheidenden Kernkompetenzen des Unternehmens und damit zu der wahrscheinlich maßgeblichsten und nachhaltigsten Kompetenz zur Differenzierung von anderen Wettbewerbern. Kernkompetenzen bedürfen der ständigen Aufmerksamkeit und Pflege des Managements, aber nicht nur von diesem, sie müssen auch im Bewusstsein der Mitarbeitenden fest verankert sein; denn alles Denken und Handeln muss dahin gerichtet sein, diese Kernkompetenz laufend zu stärken.

Für Familienunternehmen wie das unsrige ergibt sich damit ein strategischer Vorteil. Wir sind nicht von kurzfristigen Quartalsabschlüssen getrieben, sondern können uns langfristig orientieren und ausrichten. Für werteorientierte Unternehmensführung ist diese Langfristigkeit ein unabdingbares Muss. Die große Herausforderung, der wir uns stellen müssen, ist, wie bereits angesprochen, die Sicherung der Kontinuität in der Verfolgung unserer Werte. Damit bekommt in unserem Unternehmen die Nachfolgeplanung an der Unternehmensspitze wie auch im Familientrust als Alleinaktionär eine ganz entscheidende Bedeutung. Wir haben dies durch sehr langfristige Nachfolgeplanungen, durch klar strukturierte Übergänge, durch Vermeidung von Doppelfunktionen, durch klare Anforderungen bezüglich Qualifikationen gelöst, welche für Familienmitglieder wie Nichtfamilienmitglieder gleichermaßen gelten, durch sorgfältige Auswahl von potenziellen Nachfolgekandidaten und durch ständige Weiterentwicklung unseres internationalen Teams. Wir wollen sicherstellen und werden uns – egal in welcher Funktion – auch immer dafür einsetzen, dass unsere Nachfolger nicht nur die Werteorientierung in gleicher oder sogar noch besserer Weise leben und weiterführen, sondern dem Unternehmen und allen seinen Mitarbeitenden neue, faszinierende Horizonte auf unserer niemals endenden Reise aufzeigen.

Dies macht die Faszination und die Passion einer werteorientierten Unternehmensführung sowie der Arbeit und der Zusammenarbeit mit allen Mitarbeitern weltweit aus. Ganz im Sinne unserer gemeinsamen Vision: »Wir bauen eine bessere Zukunft.«

DIETER H. VOGEL

Corporate Governance
Überregulierung versus Unternehmertum

Die Corporate Governance eines Unternehmens, das heißt, die Art und Weise der Führung und Kontrolle des Unternehmens, stellt ein wichtiges Kriterium für seine Existenz- und Wettbewerbsfähigkeit dar. Angesichts dieser Bedeutung ist es erstaunlich, wie sehr bei diesem Thema Ideal und Wirklichkeit, wissenschaftliche Theorie und Realität aufeinander prallen und wie vielfältig die Definitionsansätze und Lösungskonzepte sind.[1] Ausgangspunkt für die Behandlung des Themas ist das zu Grunde zu legende Verständnis dessen, was ein Unternehmen eigentlich ist. Selbst die Wissenschaft tut sich schwer mit der Beantwortung dieser Frage. Das Unternehmen als eine Ansammlung von Institutionen und deren wechselseitige Beziehungen zueinander zu definieren erscheint ebenso unzulänglich wie seine traditionelle Modellierung als Produktionsfunktion und Entscheidungseinheit.

In Anlehnung an Coase[2] und seine bereits 1937 angestellten Überlegungen zur Theorie der Unternehmung ist ein Unternehmen eher als eine Bündelung unterschiedlicher Ressourcen zu sehen, als Pool also, dessen Mitglieder über Vertragsbeziehungen verbunden sind. In diesem Pool spielt das Humankapital eine besondere, aber nicht die ausschließliche Rolle. Beitritt und Verbleib im Ressourcenpool basieren auf dem individuellen Kalkül der Teilnehmer, ob die Mitgliedschaft zu einer positiven Differenz aus Einbringung und Nutzen führt. Diese Frage stellen sich Aktionäre ebenso wie Mitarbeiter, Lieferanten und Kunden. Da die Entscheidung hierzu jeweils vom Individuum getroffen wird, kann sie selbst bei gleichen materiellen Bedingungen durchaus unterschiedlich ausfallen. Um nun aus dem von divergierenden Interessen und von subjektivem Empfinden geprägten Ressourcenpool ein funktionstüchtiges Unternehmen zu machen, bedarf es des Faktors Disposition. Hinter diesem Begriff verbergen sich umstrittene menschliche Wesen, die wir der Einfachheit halber Manager nennen, auch wenn sie im Spezialfall Eigentümer sein können. Manager können, oder besser sollten, nicht nur an der Spitze des Unternehmens, sondern an unterschiedlichen Stellen der Hierarchie angesiedelt sein.

Unternehmerisches Handeln des Managers

Die Tätigkeit des Managers besteht in der Führung. Dies bedeutet nichts anderes, als den unkoordinierten Ressourcenpool eines Unternehmens zielorientiert auszurichten und mit eigenen Impulsen zu versehen. Der Manager ist in diesem Sinne aktiv handelndes, gestalterisch tätiges Subjekt. Seine richtig verstandene Tätigkeit geht weit über die ordnungsmäßige Erfüllung von Vorgaben, Normen und Routinen als Delegationsaufgabe des jeweiligen Principals hinaus. Schon die Größe und die Komplexität der Unternehmen führen in aller Regel die einfache Vorstellung von der derivativen Delegation ad absurdum. Vor allem aber: Ein Principal erwartet zu Recht eine unternehmerische Rendite jenseits der Zinsen eines Sparbuchs. Die aber kann eine Führungskraft nur sehr schwer erbringen, wenn sie einen im Detail vorgegebenen Regelungsrahmen lediglich ausfüllt. Vielmehr wird sie, um erfolgreich zu sein, nicht umhin können, Spielräume meist planmäßig, nicht selten aber auch situativ zu nutzen.

Das Handeln von Managern, die ernsthaft und erfolgreich managen, vollzieht sich, anders ausgedrückt, zwischen der Regelbefolgung, der Regelfreiheit und der Schaffung eigener Regeln. Dabei kommen Begriffe wie Willensstärke, Vorbildverhalten, Urteilsvermögen, Intuition ins Spiel, die sich weder durch einen individuellen Vertrag noch durch ein allgemeines Regelwerk fixieren lassen. Die Erfahrung lehrt, dass gerade diese nicht kontrahierbaren Managementfähigkeiten besonders wichtige Erfolgsfaktoren sind. Eine solche Schumpeter[3] nahe Vorstellung vom Wesen des Unternehmers als aktivem Gestalter setzt nicht das Eigentum am Unternehmen voraus. Wichtig ist nur, dass unternehmerisches Handeln jenseits von Gewohnheit und Routine stattfindet und Erstarrtes schöpferisch zerstört wird.

Dass Entscheidungen in einem häufig von Zeitdruck, unvollständigem Wissen und begrenzten Analysemöglichkeiten geprägten Umfeld unsicher sind, versteht sich von selbst. Wenn aber zumindest eine Restgröße von Unsicherheit von Entscheidungsparametern geradezu Voraussetzung für unternehmerischen Erfolg ist, stellt sich unmittelbar die Frage, ob man überhaupt Regeln für das richtige Handeln eines Managers aufstellen kann.

Ulrich Witt[4] vertieft diese Gedankenkette. Er weist überzeugend nach, dass Imagination ein Schlüsselfaktor unternehmerischen Handelns ist und unternehmerische Führungskräfte typischerweise die Gestaltung eigener Regelwerke übernehmen. Sie überzeugen die übrigen Unternehmensmitglieder von ihrer Geschäftskonzeption und schaffen den Handlungsrahmen an

Konventionen und Regeln selbst. Derartiges Verhalten zum Gegenstand von institutionellen Verhaltensmustern oder gar von justitiablen Verträgen zu machen, schließt sich aus. Mehr noch: Es ist abzuwägen, ob der Schaden von Ansätzen, unternehmerisches Verhalten zu regeln, nicht höher einzuschätzen ist als der Schaden, der unbestreitbar aus der einen oder anderen Verletzung von Grundsätzen ordnungsmäßiger Unternehmensleitung entsteht.

Aus dieser Betrachtung der Zweckmäßigkeit von Regeln können die allgemein anerkannten Organisationsprinzipien und auch die der Mode unterworfenen Ansätze für strategisches und operatives Management, wie sie Unternehmensberatungen verkaufen, ausgenommen werden. Hier besteht kein Regelungsbedarf. Die Protagonisten der Standardisierung des Unternehmertums haben etwas anderes im Visier: die Verhaltenssteuerung von Managern. Die in diesem Zusammenhang teilweise verwendeten Begriffe wie »Management Auditing«[5] reflektieren nicht, dass den überforderten Prüfern – wer auch immer das sein mag – wohl kaum geeignete Maßstäbe für zweckmäßiges Managementhandeln zur Verfügung stehen. Besonders spannend wären in diesem Zusammenhang die Prüfung der unterlassenen Maßnahmen und die Notengebung für nicht genutzte Chancen.

Auch von Werder[6] kommt bei dem Versuch, erfolgreiches Unternehmertum durch Regelverhalten festzuschreiben, zu dem Schluss, dass solche Leitregeln nur, aber auch immerhin, in der Lage sind, das Beste aus den begrenzt vorhandenen Einsichten zu machen und dass die Gefahr besteht, dass sie im Fall überzogener Anforderungen zu negativen Konsequenzen für die Innovations- und Risikobereitschaft der Manager führen. Hinzu kommt, dass viele der Grundsätze, deren Einhaltung hierbei wichtig erscheint, ohnehin bereits gesetzlich verankert und damit zu Rechtsnormen des Unternehmens geworden sind. Das betrifft die Grundsätze zur Organisation, zur Kooperation, zur Personalauswahl und zu unterschiedlichen Aufgaben der Unternehmensgremien, die das Aktiengesetz und die Rechtsprechung – gerade in Deutschland – recht präzise regeln. Und was die Verhaltensregeln anbetrifft, verweist uns § 93 Absatz 1 AktG unmissverständlich auf die Sorgfaltspflicht. Rechtsprechung und mehrheitliche Rechtsmeinung sehen die Haftungsfrage in diesem Zusammenhang erst dann tangiert, wenn die Grenzen eines breiten Spielraums des Ermessens geschäftlicher Risiken eindeutig überschritten werden.

Das Gesetz zur Unternehmensintegrität und Modernisierung des Anfechtungsrechts (kurz UMAG) stellt klar, dass eine Erfolgshaftung der Organmitglieder gegenüber dem Unternehmen ausscheidet, solange die Sorgfaltspflicht nicht verletzt worden ist. Der Gesetzgeber verzichtet mit der Einführung dieser Business Judgement Rule zu Recht auf die Einmischung in die Qualität unternehmerischer Entscheidungen. Zielsetzung des Gesetzgebers war es »den Mut zum unternehmerischen Risiko nicht zu behindern«[7]. Damit soll vermieden werden, dass sich der Manager zu risikoavers verhält und im Unternehmensinteresse liegende Geschäftschancen verpasst.[8]

Nach alldem stellt sich die Frage, ob denn die umfassenden und durchaus stringenten Regeln des Aktiengesetzes, einschließlich der einschlägigen Rechtsprechung, in Verbindung mit der Unternehmenssatzung sowie den Geschäftsordnungen für Vorstand und Aufsichtsrat, als Rahmen für den Umgang von Vorstand, Aufsichtsrat und Hauptversammlung miteinander nicht ausreichen? Dies wäre im Grunde zu bejahen, stünden dieser Feststellung nicht der Zeitgeist und die fatale Neigung gegenüber, den tatsächlichen Verfehlungen Einzelner durch Reglementierung aller zu begegnen. Würde man von einem Managerbild ausgehen, das diese Spezies aufgrund ihrer Begabung und Neigung als innovativ und risikobewusst zugleich charakterisiert, als Vertrauen gebend und Vertrauen verdienend, dann würde in der Tat jede weitere Bürokratisierung der Unternehmensführung als überflüssig und schädlich anerkannt werden.

Vielfalt der Interessen und Ziele

So aber beschäftigen sich seit einigen Jahren vor allem Gesetzgeber, Wissenschaftler und Investoren in vielen Ländern mit den vermeintlichen Regulierungsdefiziten im System »Unternehmen«. Dass sich in einer solchen Gemengelage auch eine Vielzahl von (Partikular-)Interessenvertretern zu Wort melden, kann nicht überraschen. Dabei besteht bis heute wenig Konvergenz oder gar Einigkeit der Akteure, wenn man davon absieht, dass von der breiten Mehrheit Corporate Governance zum Leidwesen mancher seiner Verfechter als nicht einklagbarer Rechtsbegriff angesehen wird. Dennoch haben einzelne Prozessaktionäre und deren Anwälte das Thema Organhaftung für Corporate Governance längst als ruhm- und ertragreiches Betätigungsfeld für sich erkannt.

Der Begriff Corporate Governance ist in hohem Maße von der jeweiligen Perspektive geprägt. Die Bandbreite der Interpretationen kann in Anlehnung an Nippa[9] in einer nach Organisationsform und Interessenschwerpunkt gegliederten Matrix sehr anschaulich dargestellt werden. Den niedrigsten Komplexitätsgrad weist die Perspektive auf, die aus angelsächsisch geprägtem Kapitalmarktverständnis abgeleitet ist. Sie engt Corporate Governance auf die Verhaltenssteuerung der

Manager von börsennotierten Kapitalgesellschaften mit breiter Streuung des Aktienbesitzes ein. Diese vor allem von den Interessen institutioneller Anleger geprägte Vereinfachung hat nicht nur in der Wissenschaft starke Unterstützung gefunden. Die Principal-Agent-Theorie[10] liefert die Grundlage für den Regelungsbedarf: den Manager, der opportunistisch und eigensüchtig handelt und das Geld der Anleger suboptimal verwaltet. Nach dieser Denkschule kann – vereinfacht gesagt – nur die Ausrichtung dieses Zerrbilds einer Führungskraft auf den Shareholder-Value über seine Beteiligung am Eigenkapital zu einer Gleichschaltung mit den Aktionärsinteressen führen.

Aber welcher Aktionäre eigentlich? Der Aktionäre auf Lebenszeit? Der institutionellen Investoren, die sich selbstverständlich das Recht vorbehalten, an der Börse ihre Aktien jederzeit zu verleihen, zu optionieren oder zu liquidieren? Oder gar das Interesse der Kleinaktionäre, denen die Politik die Aktie als langfristige Anlageform mit hohem Renditepotenzial schmackhaft zu machen versucht? Die Zielkonflikte sind schon in dieser engsten Interpretationsstufe von Corporate Governance unausweichlich. Dies lässt sich anhand zweier Beispiele aus dem Forderungskatalog des Deutschen Corporate Governance Kodex[11] verdeutlichen.

Der Kodex verpflichtet den Vorstand zur »Steigerung des nachhaltigen Unternehmenswerts«. Diese Forderung ist sicher im Sinne langfristiger Anleger, wie wir sie in Familienunternehmen finden. Die Analyse der Aktionäre von Publikumsgesellschaften zeigt ein anderes Bild. Hier agieren nebeneinander Pensionsfonds und Hedge-Fonds, Kleinaktionäre und Short-Seller, Arbitrageure und Belegschaftsaktionäre, Stiftungen und Assetmanager aller Art. Niemand kann ernsthaft annehmen, all diese Gruppen verträten einheitliche Interessen und sähen die Nachhaltigkeit des Unternehmenswerts als oberstes Ziel. Denn Nachhaltigkeit heißt u. a.: Langfristorientierung von Investitionen, Verzicht auf schnellen Gewinn. Ein Schreckensbild für typische Fondsanleger, die bereits mit dem Tage des Einstiegs den Ausstieg planen und ihre Engagements im Durchschnitt auf drei bis sechs Monate begrenzen.

Ein weiteres Beispiel: Der Kodex fordert den Vorstand auf, dem Rechtsgedanken des Wertpapierhandelsgesetzes (§ 15 Absatz 1) folgend, unverzüglich neue Tatsachen zu veröffentlichen, wenn sie wegen ihrer Auswirkungen auf die Vermögens- und Finanzlage oder den allgemeinen Geschäftsverlauf den Börsenpreis der zugelassenen Wertpapiere erheblich beeinflussen können. Die so selbstverständlich erscheinende Formulierung hat ihre Tücken. Praktiker wissen, wie schwer die Frage der Kursrelevanz einer Information zu beantworten ist. Die sofortige Veröffentlichungspflicht gibt wenig Zeit zur Prüfung und Bewertung. Vorschnelles Handeln aber kann den Aktionären mehr schaden als nützen.

Hinzu kommt ein grundlegendes Dilemma. Informationsasymmetrien bedeuten nicht selten Wettbewerbsvorsprünge. Dem Unternehmen und damit seinen Aktionären wäre in diesen Fällen besser gedient, wenn der Markt – und damit auch der Wettbewerb – diese Informationen nicht erhielte. Andererseits – gerade institutionelle Investoren wissen den Wert frühzeitiger Informationen besonders zu schätzen und drängen in den Investorenmeetings Vorstände häufig in den Grenzbereich zwischen ihrer Pflicht zur Gleichbehandlung aller Aktionäre und der Versuchung, mehr zu erzählen als allgemein bekannt ist. Es sind dieselben institutionellen Investoren, die in ihren Anforderungskatalogen an Unternehmen den Gleichbehandlungsgrundsatz einfordern.

Nach all dem ist »der Aktionär«, um dessen Rechte es laut Präambel im Corporate Governance Kodex geht, nur schwer auszumachen. Die Erwartungen, die der individuelle Anleger hat, könnten unterschiedlicher nicht sein. Die Maximierung des individuellen Nutzens jedes Anlegers aber kann kein Corporate-Governance-System der Welt leisten.

Eine weitere Frage tut sich auf. Sind Regeln zur Führung und Kontrolle von Unternehmen überhaupt ausreichend legitimiert, wenn sie sich auf das Verhältnis zwischen Eigenkapitalgebern und Managern beschränken? Wie eingangs erläutert, ist ein Unternehmen ein Ressourcenpool höchst unterschiedlicher Interessengruppen. Corporate Governance als den Mechanismus der Berücksichtigung und des Ausgleichs der Interessen dieser Stakeholder zu definieren, kommt also dem realen Unternehmensbild weit mehr entgegen. Natürlich erhöht der Einschluss der Fremdkapitalgeber, der Mitarbeiter, der Lieferanten und der Kunden, um nur die wichtigsten Stakeholder zu nennen, die Komplexität der Problemstellung in eine Dimension, die jede brauchbare, allgemeingültige Aussage zu guter Corporate Governance auszuschließen droht.

Unterstellt man gar die Konfliktträchtigkeit, wie sie in der engen Corporate Governance Sicht das Verhältnis zwischen Eigentümern und Managern charakterisiert, auf alle Stakeholder, gerät der Versuch, ein allgemein verbindliches Regelwerk zu verfassen, vollends außer Reichweite. Die Vergeblichkeit einer solchen Bemühung wird noch deutlicher, wenn man die zweite Betrachtungsebene der Corporate-Governance-Matrix aufschlägt, welche die Organisationsform des Unternehmens über die börsennotierte Aktiengesellschaft hinaus erweitert.

Es bleibt festzuhalten, dass die Ziele der Aktionäre einer börsennotierten Kapitalgesellschaft höchst unterschiedlich und dem Management in ihren jeweiligen Ausprägungen gar nicht bekannt sind. Dies ist in einem nicht börsennotierten Unternehmen anders, gleichgültig, ob es sich um eine Kapitalgesellschaft mit wenigen Anteilseignern oder eine Personengesellschaft handelt. Grundsätzlich stimmen hier Eigentümer- und Managementziele überein; im Konfliktfall würde sich der Eigentümer durchsetzen. In den Kontrollgremien dieser Unternehmen ist, neben der fachlichen Qualifikation, die Loyalität zum Eigentümer selbstverständlich.

Kontinuität und Unternehmertum in Familienunternehmen

In Familienunternehmen kennzeichnen in der Regel das Denken in längeren Fristen und die nachhaltige Wertorientierung das unternehmerische Handeln. Führungsbesetzung und Führungsverhalten sind durch Kontinuität geprägt. So sehen beispielsweise die Bertelsmann Essentials das Streben nach einer »das Wachstum und die Kontinuität des Unternehmens sichernden Verzinsung des eingesetzten Kapitals« vor. Macht und Verantwortung, Vermögenschancen und Vermögensrisiken stehen sichtbar im Gleichgewicht. In einem solchen Umfeld kann auch eine glaubwürdige Unternehmenskultur gedeihen, die neben ökonomischen Elementen durchaus auch gesellschaftspolitische Vorstellungen der Eigentümer einschließen darf, ein für ein börsennotiertes Unternehmen mit breiter Streuung der Aktien kaum denkbares Unterfangen.

Voraussetzung für das eben Dargelegte ist, dass es innerhalb des Kreises der Eigentümer, vor allem innerhalb von Eigentümerfamilien, nicht zu lähmenden Streitigkeiten oder gar Blockaden kommt. Ein Zeichen von Verantwortung und Weitblick des Eigentümers ist die Einführung von klaren Regelungen, die eine jederzeitige und verbindliche Entscheidungsfindung ermöglichen. Als vorbildlich ist in diesem Zusammenhang das von Herrn Reinhard Mohn entwickelte Konzept der Bertelsmann Verwaltungsgesellschaft (BVG) zu bezeichnen, welche die Stimmrechte der Bertelsmann Stiftung und der Familie Mohn in der Bertelsmann AG wahrnimmt. Durch Festlegung des Entscheiderkreises, unternehmerische Kompetenzträger und Familienvertreter, und durch ausbalancierte Satzungsregelungen ist sichergestellt, dass jederzeit und unabhängig von familieninternen Lagen eine Entscheidung herbeigeführt werden kann, die von unternehmerischem Sachverstand geleitet ist und die gleichzeitig Interessen der Aktionäre berücksichtigt.

Nicht börsennotierte Familienunternehmen stellen den größten Teil der deutschen Wirtschaft dar. Dabei verfügt der richtig verstandene Begriff des Familienunternehmens über eine objektive und über eine subjektive Tatbestandsvoraussetzung. Die objektive besteht darin, dass an dem Unternehmen mehrheitlich miteinander verbundene Familienkreise beteiligt sind. Subjektiv ist ein Familienunternehmen dadurch geprägt, dass die Familienmitglieder in ihrer eigenen Wertung die familiäre Verbundenheit und bestimmte Familientraditionen als Leitlinien ihrer unternehmerischen Betätigung betrachten.[12] Im Idealfall wird aus diesen Leitlinien die Kultur des Unternehmens – seine Unternehmenskultur – gespeist. Die deutlich homogenere Ausrichtung von Familienunternehmen und ihre klare Entscheidungsstruktur lassen auch die Formulierung und Praktizierung von individuell entwickelten bzw. angepassten Corporate-Governance-Regeln zur Führung und Kontrolle des Unternehmens viel leichter zu, als es bei börsennotierten Unternehmen der Fall ist. Selbst die Einbeziehung von Grundsätzen für den Umgang mit Banken, Mitarbeitern, Lieferanten und Kunden ist glaubwürdig zu vermitteln.

Trotz, oder gerade wegen dieser individuellen Voraussetzungen wäre es verfehlt zu glauben, man könne die Vielfalt der Familiengesellschaften und ihrer Unternehmenskultur in einem für alle gültigen »Code of Best Practice« abbilden. Was aber bleibt, ist die Möglichkeit, in Form einer Unternehmensverfassung die Auffassung über gute Corporate Governance im eigenen Unternehmen niederzuschreiben. An dieser Stelle ist beispielhaft auf die Bertelsmann-Essentials hinzuweisen, die maßgeblich auf die Prinzipien und Vorgaben von Reinhard Mohn zurückzuführen sind und die im Rahmen eines Beteiligungsprozesses aller Organe und Mitarbeitervertreter zu einem verbindlichen Wertekanon für den Bertelsmann Konzern gemacht wurden. Der Hinweis darf nicht fehlen, dass auch in Familienunternehmen der Grundsatz zu beachten ist, dass Regelwerke gelebt werden müssen, um positive Wirkung zu entfalten.

Vermeiden der Überregulierung durch ein intaktes Wertesystem

Als Fazit dieser Überlegungen ist festzuhalten: Allgemeine Regeln über den besten Weg der Führung und Kontrolle von Unternehmen scheitern nicht nur bei börsennotierten, sondern auch bei privaten Unternehmen an der Komplexität des Themas und der schieren Unmöglichkeit, facettenreiches Unternehmertum auf ein allgemeinverbindliches Regelwerk zu reduzieren. Vor diesem Hintergrund tut sich die Überlegung nach dem Nutzen und Wert eines allgemeinen Kodex für (börsennotierte) Unternehmen in Deutschland auf. Während die Vereinigten Staaten als Reaktion auf die bekannten Bilanzskandale schnell und drastisch mit Kapitalmarktgesetzen reagiert haben, fehlt dort, im Lande des Shareholder-Value-Denkens, nach wie vor ein solches verbindliches Regelwerk. Corporate-

Governance-Regeln werden als unternehmensindividuelles Instrument nach Innen[13], vor allem aber gegenüber dem Kapitalmarkt verwendet. Solche firmenbezogenen Regelwerke klammern meist pragmatisch Probleme aus, wie sie hier Gegenstand der Erörterung sind: Die Auflösung der Informationsasymmetrie oder die Aufrechterhaltung der Gestaltungsspielräume. Mission Statements und die Zusammensetzung und Arbeitsweise des Boards stehen im Vordergrund.

Der deutsche Corporate Governance Kodex umgeht die Problemfelder nicht, bleibt aber hinreichend allgemein, um dem Unternehmen Informationsasymmetrien zugunsten des Wettbewerbsvorteils erhalten zu können, Unternehmensstrategien dem Markt nicht in konkret nachvollziehbarer Form mitteilen zu müssen und finanzwirtschaftliche Ziele so einzugrenzen, dass genügend Spielraum für individuelles Handeln verbleibt. Der Kodex erhebt nicht den Anspruch, den Königsweg zum unternehmerischen Erfolg unter Zufriedenstellung aller Interessengruppen zu definieren. Deshalb können Vorstände und Aufsichtsräte börsennotierter Unternehmen mit ihm gut leben. Aber er birgt auch Gefahren, die in ganz anderer Richtung liegen als die nachrangige Diskussion über die Veröffentlichung von Managergehältern. Der Kodex folgt unausgesprochen dem angloamerikanischen Weltbild des Managers, dessen ökonomisch-egozentrisches Verhalten gezügelt, kontrolliert und auf den Nutzen der Aktionäre ausgerichtet werden muss. Damit reiht er sich in die jüngste Serie von Gesetzentwürfen zum Anlegerschutz und zur verschärften Gremienhaftung aus der Arbeit der Regierungskommission ein. Die Korrektur des Managerbildes lässt weiter auf sich warten.

Unternehmertum wird durch die aktuelle Regelungswut nicht gefördert. Die Diskussionen in Aufsichtsratssitzungen diverser Aktiengesellschaften widmen sich mittlerweile mehr der Frage der formellen Ordnungsmäßigkeit eines Beschlusses und seiner unangreifbaren Protokollierung als dem geschäftlichen Inhalt. Anwälte sind regelmäßige Gäste in Aufsichtsratssitzungen dieser Gesellschaften, Vorstandsvorlagen sind mit aufwändigen Gutachten unabhängiger Sachverständiger unterlegt: ein Arbeitsbeschaffungsprogramm wenigstens für diese Berufsgruppen. Und dabei hat Deutschland doch ein ganz anderes Problem als die immer engere Kontrolle von Managern und Aufsichtsräten. Gute Corporate Governance ist mehr als die Befolgung eines immer umfangreicher werdenden regulatorischen Rahmens. Das mit bekannt gewordenem Fehlverhaltenen einiger Manager begründete Streben, diesen regulatorischen Rahmen fortwährend auszuweiten, führt zu einer ausufernden Bürokratie im Unternehmen und zur Einengung unternehmerischer Kreativität und schöpferischen Handelns.

Dabei braucht das nach Jahrzehnten steigenden Wohlstands ermüdete Land nichts mehr als frische Ideen, Innovationen, Risikobereitschaft und Mut zu Veränderungen. Dazu gehören Manager, die sich aus eigenem Antrieb und nicht wegen ihrer Aktienoptionen als Treuhänder ihres Unternehmens verstehen, die Motivation aus ihrer Anerkennung und ihrem Freiraum schöpfen und die das ihnen gewährte Vertrauen mit Leistung und Loyalität erwidern.

Dazu gehören Aufsichtsräte, die Vorstände anregen und herausfordern, Aufsichtsräte, die Gestaltungs- und Entscheidungsfreude fördern. Staatliche Rahmenbedingungen sollten solche Eigenschaften nicht nur erlauben, sondern zur Entfaltung bringen. Die Behinderung der Handlungsvielfalt geht in die falsche Richtung. Entscheidend für eine gute Corporate Governance ist der unternehmerische Freiraum, der den Managern eingeräumt wird, gepaart mit gelebter Integrität und richtig verstandenem Verantwortungsbewusstsein gegenüber dem Unternehmen, seinen Eigentümern und den weiteren Stakeholdern. Kennzeichnend für gute Corporate Governance eines Unternehmens ist ein intaktes Wertesystem von Führung und Mitarbeitern, dem sich beide Gruppen verpflichtet fühlen. Kein noch so enger regulatorischer Rahmen wird Defizite in diesem Bereich auffangen können. Gleichwohl verlangt gute Corporate Governance die Vorgabe und Vermittlung des für das individuelle Unternehmen maßgebenden Wertekanons.

Ein verbindliches Wertesystem ist somit Bestandteil jeder guten Corporate Governance. Dabei zeigt sich aber ein besonderer Vorteil bei nicht börsennotierten Familienunternehmen. Hier ist es möglich, eine vom Leitbild des Eigentümers abgeleitete werteorientierte Corporate Governance zu entwickeln, die dem Deutschen Corporate Governance Kodex nicht zu widersprechen braucht. Dann können Manager auch richtige Unternehmer sein: »Unsere Firmen werden von Geschäftsführern geleitet, die als Unternehmer handeln: Sie genießen weit reichende Unabhängigkeit und tragen umfassende Verantwortung für die Leistung ihrer Firmen.« Diesem Zitat aus den Bertelsmann Essentials ist insofern eigentlich nichts mehr hinzuzufügen.

Kreatives Unternehmertum und reglementierende Bürokratie sind wie Feuer und Wasser. Löschfahrzeuge und Löschpersonal haben wir genügend. Was oft fehlt, ist das Feuer. Das revolutionäre Feuer, wie Schumpeter es beschrieben hat, wieder zu entfachen und zu einer kontinuierlichen Energiequelle zu machen, das ist wirklich des Schweißes der Edlen wert, auf Seiten der Wissenschaft und auf Seiten der Praxis.

Anmerkungen

1 Vgl. Michael Nippa, Kerstin Petzold und Wolfgang Kürsten (Hrsg.): *Corporate Governance, Herausforderungen und Lösungsansätze.* Heidelberg 2002.

2 Ronald H. Coase: »The Nature of the Firm«. *Economica* 4 1937.

3 Joseph Schumpeter: *Theorie der Wirtschaftlichen Entwicklung.* 6. Auflage, Berlin 1964.

4 Ulrich Witt: »Imagination and Leadership – The neglected dimension of an evolutionary theory of the firm«. *Journal of Economic Behavior and Organization* 35 (2) 1998. 167–177.

5 John C. Burton: »Management Auditing«. *Journal of Accountancy* 125, 1968.

6 Axel von Werder: »Grundsätze ordnungsmäßiger Unternehmensleitung«. *Zeitschrift für betriebswirtschaftliche Forschung* 36/1996.

7 Begr. RegE UMAG, BT-Drucksache 15/5092, S. 11.

8 Jens Grundei und Axel von Werder: »Die Angemessenheit der Informationsgrundlage als Anwendungsvoraussetzung der Business Judgment Rule – Anforderungen an die Fundierung strategischer Entscheidungen aus betriebswirtschaftlicher Sicht«. *Die Aktiengesellschaft* 50 2005. 825–834; S. 825, 827.

9 Michael Nippa: »Alternative Konzepte für eine effiziente Corporate Governance«. In: Michael Nippa, Kerstin Petzold und Wolfgang Kürsten (Hrsg.): *Corporate Governance, Herausforderungen und Lösungsansätze.* Heidelberg 2002. 3–40.

10 Andrei Schleifer und Robert W. Vishny: »A Survey of Corporate Governance«. *The Journal of Finance* 52 (2) 1997. 737–783.

11 Deutscher Corporate Governance Kodex, Stand Juni 2005.

12 So auch Brun-Hagen Hennerkes: »Corporate Governance in Familienunternehmen«. In: Michael Nippa, Kerstin Petzold und Wolfgang Kürsten (Hrsg.): *Corporate Governance, Herausforderungen und Lösungsansätze.* Heidelberg 2002. 105–117.

13 Z.B. General Motors: Corporate Governance Guidelines. www.gm.com, Mai 2004.

GUNTER THIELEN

Werte nützen

Werte schaffen Werte – gutes Wirtschaften leistet einen Beitrag zum gesellschaftlichen Fortschritt. Unsere Werte befähigen den Einzelnen, Verantwortung zu übernehmen.

Werte – ein altmodisches Wort?

Werte. Es ist noch nicht so lange her, da war das Wort gänzlich aus der Mode. Viele benutzten es gar nicht, fast so, als schämten sie sich seiner Bedeutung. Vielleicht spürten sie, dass sich dieses Wort nicht einfach so benutzen lässt. Das Wort verlangt nach Taten und Konsequenzen.

Gerade noch akzeptiert wurde das Wort, wenn man es rein materiell verstand, es also einen bestimmten finanziellen oder sachlichen Nutzen ausdrückte. Da war das Wort »Werte« noch gut nachzuvollziehen. »Werte« klingt für viele ein wenig konservativ. Wer aber, wie wir bei Bertelsmann, seine Kreativität und sein Verhältnis zu Mitarbeitern und Kunden an verbindlichen Grundwerten ausrichtet, hat ein anderes Verständnis von diesem Begriff. Bei Bertelsmann ist die Wertorientierung sehr bewusst. Unsere Wertvorstellungen sind nicht zufällig, sondern mit Bedacht gesetzt. Wir wissen aus der Praxis, dass diese essenziellen Werte – wir nennen sie Bertelsmann Essentials – ein zukunftssicherer und ein Zukunft sichernder, also ein »nachhaltiger« Leitfaden für Unternehmenserfolg und Kreativität sind. Sie sind von allgemeiner Gültigkeit für unseren Erfolg über alle Grenzen und Kulturen hinweg.

Werte – ein modernes Konzept

Die Zeiten haben sich geändert. »Werte« – das klingt heute hochaktuell. In manchen Bereichen der Wirtschaft erlebt die Wertedebatte ein bemerkenswertes Comeback. Umfragen unter den FTSE-250 Unternehmen zeigen, dass Manager wissen: Eine wertebasierte Unternehmensführung steigert letztlich den Unternehmenswert. Werte schaffen also Werte. Die Unternehmensberatung Booz Allen Hamilton hat gemeinsam mit der Bertelsmann Stiftung nachgewiesen: Zwischen Werten und Unternehmens-Performance gibt es einen messbaren Zusammenhang: Wer Werte lebt, ist erfolgreicher. Andererseits können nur ökonomisch erfolgreiche Unternehmen auch ethisch wirkungsvoll handeln.

Ich sehe diese Entwicklung mit großer Genugtuung. Bei Bertelsmann wussten wir auch in Zeiten der vorübergehenden »Werte-Vergessenheit«, dass es ohne Werte nicht geht. Das Unternehmen, seine Führungskräfte und Mitarbeiter sind von den Grundwerten geprägt, die in unseren Essentials niedergeschrieben sind. Sie sind verbindliche Richtlinien für die Arbeit in unserem Haus. Sie wurden von Führungskräften und dem Betriebsrat gemeinsam entwickelt und werden immer wieder an die sich verändernden Rahmenbedingungen angepasst. Unsere Werte, die »Essentials«, verlangen ein hohes Maß an Selbstständigkeit und unternehmerischem Denken, gleichzeitig gelebte Partnerschaft im Unternehmen und mit Geschäftspartnern und Kunden. Sie schaffen ein Klima, in dem kreative

Höchstleistungen möglich sind. Davon leben wir. Und wir wissen, dass dieses »ethische Kapital« im 21. Jahrhundert noch an Bedeutung gewinnen wird. Unsere Werte sichern unsere Zukunft, denn sie stehen auf dem erprobten Fundament unserer Erfahrungen in der Vergangenheit. Unseren Unternehmern im Unternehmen muss man keine Wertvorstellungen künstlich überstülpen. Bertelsmann steht von Anfang an für eine feste Wertorientierung. Unsere Werte fußen auf der Überzeugung, dass Menschen eine Leistung erbringen wollen, wenn man sie lässt – und wenn man ihnen erlaubt, die Früchte der gemeinsamen Arbeit auch zu ernten. Und es hat sich für das Haus Bertelsmann als Unternehmen immer gelohnt, an diesen Prinzipien festzuhalten, denn Unternehmen stehen und fallen mit den Mitarbeitern.

»Corporate Responsibility«, also die wertebasierte Verantwortung von Unternehmen für Mitarbeiter, Gesellschaft, Umwelt und Partner, ist kein Selbstzweck. Dahinter stehen grundlegende Fragen unserer unternehmerischen Arbeit. Was leisten wir für wen – und warum? Welchen Leistungsbeitrag können wir an die Gesellschaft zurückgeben? Wie organisieren wir uns intern so, dass wir den hohen Ansprüchen, die unsere Essentials formulieren, gerecht werden können?

Der Zweck jedes Unternehmens ist es, gute Geschäfte zu machen, der Sinn eines Unternehmens aber besteht darin, diese Geschäfte so gut zu machen, dass sie möglichst vielen nützen.

Vielfalt leben …

Werte sind eine sehr persönliche Sache. Vor mehr als einem Vierteljahrhundert habe ich mich auch wegen dieser Wertorientierung für Bertelsmann entschieden, und dieses stabile

Fundament hat mich in all diesen Jahren immer wieder fasziniert. Es waren die Jahre, in denen sich unser Haus den internationalen Märkten öffnete – hin zu der Struktur, die wir heute haben: Ein in mehr als 60 Ländern der Welt tätiges dezentrales, globales Medienhaus, das von der Kreativität und dem Unternehmergeist seiner 89 000 Mitarbeiter lebt. Unsere Bertelsmann Essentials spiegeln diese Vielfalt. Dieses Bekenntnis zu Vielfalt ist entscheidend für unseren geschäftlichen Erfolg. Unternehmerische Werte müssen überall anwendbar sein, wo unternehmerisch gehandelt wird – dann sind sie globale Werte im besten Sinne. Ob in den USA, in Brasilien, in China, Italien oder Gütersloh – sie schöpfen ihre Kraft aus ihrer Alltagstauglichkeit.

... aus Tradition

Als Reinhard Mohn nach dem Zweiten Weltkrieg den Grundstein für die heutigen Erfolge unseres internationalen Medienhauses legte, gab es noch nicht viel mehr als eine gute Idee – und ein Erbe, das vorwiegend aus einer Haltung bestand: Carl Bertelsmann, dem Mann, der vor mehr als 170 Jahren am Anfang unseres Unternehmens stand, genügte es nicht, ein wirtschaftlich erfolgreicher Unternehmer zu sein. Was er tat, sollte Sinn stiften. Sein soziales Engagement für die Gemeinde Gütersloh verstand er als eine ganz natürliche Verpflichtung des Erfolgreichen den weniger Erfolgreichen gegenüber – »Eigentum verpflichtet« nannten das viel später die Väter des Grundgesetzes. Im Haus von Carl Bertelsmann lebten Lehrlinge und Mitarbeiter der Druckerei und des Verlages unter einem Dach. Menschlichkeit und gesellschaftlich orientiertes Handeln waren normal. Sie bilden bis heute den Kern unserer Unternehmenskultur.

Erfolg durch Partnerschaft

Die Werte, die dahinter stehen, prägten nicht nur das gesellschaftliche Engagement der Familie, sondern sicherten auch den langfristigen wirtschaftlichen Erfolg des Unternehmens. Werte, die Kontinuität erzeugen, sind eine sehr handfeste Angelegenheit. Reinhard Mohn hat das in seinem Buch »Erfolg durch Partnerschaft« auf den Punkt gebracht: »Das Bemühen, dem Menschen zu helfen, erwies sich immer wieder als eine beständige Quelle der Kraft.«

Erfolg stellt sich nur ein, wenn sich Werte und Unternehmenskultur jeden Tag neu bewähren. Unser Erfolg wird durch eine gemeinsame Kultur geprägt. Kultur heißt eben auch: Etwas gemeinsam wollen. Bei Bertelsmann hat das Geschäft immer Maß genommen an den Menschen – und nicht umgekehrt. Dieses Maß des Handelns hat bei Bertelsmann Tradition und ist gleichzeitig sehr aktuell. Es ist fortschrittlich im besten Sinn. Nicht zeitgemäß ist es jedoch, den alten Widerspruch zwischen wirtschaftlicher Effizienz und sozialer Verantwortung zu beschwören.

Unsere Unternehmenskultur ist ein Navigationssystem, mit dem wir uns in einer immer komplexeren Arbeitswelt gut zurechtfinden können. Kompliziert wird es dann, wenn man Menschlichkeit und ökonomischen Leistungsbeitrag so strikt voneinander trennt, dass letztlich das abstrakte Geschäft und der konkrete Mensch sich vermeintlich unversöhnlich gegenüberstehen. Wo eine Unternehmenskultur nur auf dem Papier besteht, wo die Werte der Unternehmenskultur nicht gelebt werden, fehlt die Grundorientierung. Eine eindeutige Orientierung ist aber unerlässlich für wirtschaftlichen Erfolg in Zeiten einer globalen Wirtschaft, in der so viele Kulturen und Meinungen, Traditionen und Einstellungen aufeinander treffen. Für uns bei Bertelsmann ist die Vereinbarkeit von Ökonomie und Werten eine Selbstverständlichkeit.

Orientierung und Kurs

Wie funktioniert dieses Navigationssystem konkret? Sind die Routen, die es anzeigt, schlüssig? Ich denke, dass sich das am besten in einem Exkurs über unsere Essentials zeigen lässt, die in einem zweijährigen konzernweiten Prozess überarbeitet wurden. Wir stützen uns in unserem Selbstverständnis auf vier Werte:

- Partnerschaft,
- Unternehmergeist,
- Kreativität und
- Gesellschaftliche Verantwortung.

Sie stehen gleichberechtigt nebeneinander und greifen nahtlos ineinander. Unsere Mitarbeiter identifizieren sich in hohem Maße mit den Aufgaben des Unternehmens. Doch jeder Mensch ist anders. Daher fördern wir gezielt die Vielfalt an Talenten und Fähigkeiten, weil wir als Medienunternehmen unmittelbar von ihr leben.

Die Bertelsmann Unternehmenskultur baut auf dem Gedanken auf, dass die Initiative des Einzelnen am besten zur Geltung kommt, wenn er als Partner im Unternehmen anerkannt wird. Aktionäre, Führungskräfte und Mitarbeiter arbeiten gemeinsam für den Unternehmenserfolg. Deshalb ist in den Essentials das Wort Partnerschaft als erste Säule festgehalten: »Partnerschaft zum Nutzen der Mitarbeiter und des Unternehmens ist die Grundlage unserer Unternehmenskultur:«

Unsere Kolleginnen und Kollegen in aller Welt sind hoch motiviert. Wir wissen, dass nur die besten Köpfe die kreativen

Leistungen erbringen, die wir als internationales Medienhaus brauchen. Das wiederum ist unmittelbar in unseren Produkten, Dienstleistungen, Inhalten und Ideen zu spüren.

Die Kraft der Partnerschaft

»Die Basis unseres partnerschaftlichen Führungsverständnisses bilden gegenseitiges Vertrauen, Respekt vor dem Einzelnen sowie das Prinzip der Delegation von Verantwortung.«

Ohne Vertrauen ist Unternehmenskultur wirkungslos. Vertrauen findet sich in einem offenen, fairen und respektvollem Umgangston wieder, der in unserem Haus selbstverständlich ist. Jeder Mitarbeiter kann Freiräume für seine Arbeit nutzen. Diese Freiräume sind jedoch nicht nur entscheidend, um die optimale Leistung des Einzelnen erhalten zu können. Sie sind auch die Bedingung für die Zufriedenheit der Mitarbeiter mit ihrer Arbeit und einer hohen Identifikation mit dem Unternehmen.

Als Voraussetzung dafür muss allerdings eine interne Kommunikationskultur bestehen, in der alle Informationen transparent verfügbar sind, die jeder Einzelne braucht, um seine Arbeit bestmöglich machen zu können.

Eine partnerschaftliche Unternehmenskultur wird die Mitarbeiter zudem an Entscheidungsprozessen und am wirtschaftlichen Erfolg des Unternehmens teilhaben lassen.

Die Leitsätze der Führung bei Bertelsmann sind in dieser Hinsicht eindeutig: »Aufgaben, Befugnisse und Verantwortung müssen einander entsprechen und sind – soweit wie möglich – auf die Mitarbeiter zu übertragen.« Diese Leitsätze bilden eine verbindliche Richtlinie für die Führungskräfte in unserem Haus. Alle Vorgesetzten haben die Verpflichtung, sich für die Einhaltung dieser Leitsätze einzusetzen. Und die Mitarbeiterinnen und Mitarbeiter haben das Recht, sich auf die Einhaltung dieser Leitsätze zu berufen. Dafür stehen sinnvolle und bewährte Instrumente zur Verfügung: Eine Politik der Offenheit, die jederzeit Gelegenheit zur Kommunikation bietet. Zusätzlich haben wir das »Januargespräch« etabliert – ein jährliches Gruppengespräch, bei dem Mitarbeiter und Führungskräfte der Abteilungen und Arbeitsgruppen gleichberechtigt ins Gespräch kommen. Hier wird ungeschönt, klar und kritisch Bilanz über das Führungsverhalten gezogen.

Außerdem führen wir seit fast drei Jahrzehnten bei Bertelsmann regelmäßig anonyme Mitarbeiterbefragungen durch. Diese haben sich zu einem der wichtigsten Arbeitsmittel zur Diagnose, Prüfung und Kommunikation im Bereich Unternehmenskultur entwickelt. 2002 führten wir erstmals eine internationale Befragung durch. Ihr Ergebnis bestätigt unsere Unternehmenskultur: 74 Prozent aller Mitarbeiter sind mit ihrer Arbeit bei Bertelsmann zufrieden bis sehr zufrieden. Auf diesen Beweis der hohen Akzeptanz unserer partnerschaftlichen Struktur sind wir stolz. Und wir erhalten aus jeder Befragung, aber auch aus den vielen Gesprächen im Alltag, immer neue Impulse, um unsere Werte weiterzuentwickeln. Im Herbst 2006 werden wir die nächste weltweite Mitarbeiterbefragung durchführen. Durch solche Aktivitäten wird das »partnerschaftliche Unternehmen Bertelsmann« greifbar. So stärken wir Werte, die in Zukunft noch wichtiger werden: unternehmerisches Denken, Handeln und Entscheiden in Selbstverantwortung. Partnerschaft fördert Unternehmertum. Führungskräfte in unserem Haus verstehen sich als Unternehmer im Unternehmen. Im Alltag bedeutet das »Führen aus der Mitte«.

Unternehmergeist als Führen in Verantwortung

Damit sind wir bei unserem zweiten Grundwert, dem Unternehmergeist. Meine eigenen Erfahrungen können als Beispiel dienen: Bei Bertelsmann konnte ich von meinem ersten Arbeitstag an frei und selbstverantwortlich arbeiten. Reinhard Mohn bestärkte meine Kollegen und mich darin, unternehmerisch zu denken und zu handeln und als Unternehmer im Unternehmen zu agieren. Dieses für Bertelsmann so typische Unternehmertum versetzte uns alle in die Lage, frei und selbstständig zu handeln und zu entscheiden. Wer sich durch unzählige Netze sichert und sich damit keinem Risikos stellt, wird nicht unternehmerisch handeln. Entscheiden und Handeln in einer dezentralen Struktur schaffen auch Verantwortungsbewusstsein für das Ganze. Diese Verantwortung über das eigene Unternehmen hinaus ist fester Bestandteil unserer Essentials. Unser Unternehmerbild bringt selbstständige, starke Persönlichkeiten hervor, die die Führung unserer Unternehmen verantworten.

Kreativität aus Vielfalt

Die Vielfalt des Unternehmerischen sorgt für die einzig möglichen Arbeitsbedingungen, unter denen sich unser dritter Grundwert entfalten kann, Kreativität. In gewisser Hinsicht ist Kreativität unternehmerisches Handeln in seiner reinsten Form: »Nicht ›Kapital und Arbeit‹ werden in der Zukunft das Schicksal unserer Wirtschaft bestimmen, sondern das große unerschlossene Potenzial kreativer und unternehmerischer Menschen«, schrieb Reinhard Mohn in seinem Buch »Erfolg durch Partnerschaft«. Er hat damit früh erkannt, dass unternehmerisches Denken und Kreativität die wichtigsten Quellen für einen wirtschaftlichen Erfolg sind. Indem wir diese unternehmerischen Eigenschaften fördern und fordern, steigern wir den Wert unseres Unternehmens. Wir sehen wieder: Werte schaffen Wert.

Medien verbreiten Kreativität. Und sie fördern Kreativität. In diesem Kreislauf bewegen wir uns. Und natürlich bemerken unsere Kunden, wie weit der kreative Spielraum ist, den wir uns selbst geben. Je mehr wir von dieser Kernleistung eines Medienunternehmens liefern, desto akzeptierter und nachgefragter sind unsere Produkte. Doch Kreativität muss gefördert werden. Wer als Medienunternehmer erfolgreich sein will, muss für Künstler, Autoren und kreative Talente in all den Feldern, die unsere Branche bietet, eine Heimat bieten. Das heißt, dass wir im Unternehmen bewusst Rahmenbedingungen schaffen, unter denen sich der Einzelne bestmöglich kreativ entwickeln kann.

Dieser Ansatz ist die Grundlage unseres geschäftlichen Erfolges. Deshalb entscheiden sich hunderte Millionen Menschen für unsere Produkte. Dieser Bertelsmann Grundwert, dieses Essential »Kreativität« stellt sehr umfassende Ansprüche. Die Voraussetzung für kreatives Schaffen ist künstlerische und geistige Freiheit. Freiheit kann aber nur gedeihen, wo die politischen und gesellschaftlichen Rahmenbedingungen dies zulassen. An diesem Wert zeigt sich, wie ein Essential die Grenzen zwischen interner, ethischer Richtlinie und gesellschaftlichem Engagement überschreitet, ja überschreiten muss. Wir setzen uns weltweit für Demokratie und den Schutz der Menschenrechte ein, und wir respektieren die Traditionen und kulturellen Werte in den mehr als fünf Dutzend Ländern dieser Welt, in denen wir arbeiten.

Unser Grundwert Kreativität umfasst eine weitere wichtige Verpflichtung: Unsere Inhalte spiegeln eine Vielfalt an Einstellungen und Meinungen wider. Auch hier zeigt sich die Beziehung zwischen ethischer Verpflichtung auf der einen und maximalem wirtschaftlichen Erfolg auf der anderen Seite: Meinungsvielfalt und Pluralismus sind Merkmale freier Gesellschaften und Bedingungen funktionierender Märkte. Medienvielfalt ist unser Geschäft, aber dieses Geschäft kann sich in einem unfreien, kreativitätsfeindlichen System nicht entfalten. Dies gilt nach außen in die Gesellschaft ebenso wie in das Unternehmen hinein.

Die Macher unserer Medien – seien es nun Zeitschriften bei Gruner + Jahr oder Fernsehprogramme bei den Sendern der RTL Group – handeln grundsätzlich selbstverantwortlich. Dies kann bedeuten, dass die Blattmacher und ihre Redaktionen kritisch über Bertelsmann und seine Unternehmen berichten. Dieser Binnenpluralismus ist unverzichtbar, wenn man den Zusammenhang zwischen der inneren und äußeren Freiheit, die unser Geschäft erst möglich macht, verstanden hat. Ein kritisches Publikum lässt sich eben kein X für ein U vormachen.

Unsere Produkte und Inhalte werden von den vielfältigen Ansprüchen unserer Kunden geprägt. Es gibt viele unterschiedliche Einstellungen und Meinungen – und wir spiegeln sie in ganzer Breite. Die Werte dahinter, Vielfalt und Pluralität, stehen täglich auf dem Prüfstand einer kritischen Öffentlichkeit.

Gesellschaftliche Verantwortung übernehmen

Unsere Essentials stehen mitten in der Gesellschaft, sie sind keine »Hausregeln«, die allein unserer eigenen Orientierung dienen. Partnerschaft, Unternehmertum und das Ernstnehmen von Kreativität als Grundlage unseres Handelns führen daher notwendig zu unserer vierten Werteüberzeugung: Gesellschaftliche Verantwortung. Sie ist die Wurzel der Bertelsmann-Geschichte – erinnern wir uns an das Engagement von Carl Bertelsmann in der Gründungszeit des Unternehmens. Lange bevor das Schlagwort »Corporate Citizenship« in die Managementliteratur Eingang fand, verhielt sich Bertelsmann als verantwortungsvoller Bürger – und das nicht nur in Gütersloh. Unsere Unternehmen engagieren sich mit ihren Leistungsbeiträgen auf der ganzen Welt.

Wir wollen langfristig und nachhaltig wirken. Daher tun wir das, was wir am besten können, mit Unternehmertum, Vielfalt und Kreativität einen Beitrag zum Gemeinwohl erbringen. In den USA ermöglicht die von Random House initiierte Aktion »First Book« einkommensschwachen Familien den Zugang zu Büchern. Unsere Mitarbeiter engagieren sich in hunderten amerikanischen Städten für die Verteilung von Büchern an Kinder – 2,5 Millionen Bücher fanden im Jahr 2005 neue Leser.

In Frankreich engagiert sich die Direct Group-Tochter France Loisirs, der größte Buchclub des Landes, in der Initiative »1000 Worte gegen die Gewalt«: Jugendliche werden in Erziehungseinrichtungen von ehrenamtlichen Mitarbeitern zum Lesen animiert. Solche Initiativen können die Einstellung dieser jungen Menschen verändern: Wer sich ausdrücken kann, lernt, sich durch Sprache statt durch Gewalt zu artikulieren – und hat eine reelle Chance, wieder Teil der Gesellschaft zu werden.

In einer Initiative der Bertelsmann AG laufen Kreativität, Unternehmergeist und gesellschaftliches Engagement in besonderem Maße zusammen: dem Reinhard Mohn Fellowship. Wir fördern junge Menschen, die gesellschaftlichen Missständen mit unternehmerischem Engagement begegnen.

Den Geist der Bertelsmann Essentials haben wir im Jahr 2005 auch in der Initiative »Du bist Deutschland« in die Gesellschaft getragen. Wir haben gezeigt, dass sich unser Land nicht hinter Zukunftsangst und Unsicherheit verstecken muss. »Du bist Deutschland« war die größte Social-Marketing-Kampagne, die jemals in der Bundesrepublik durchgeführt wurde. »Du bist Deutschland« verdeutlicht, wie die vielen weiteren Initiativen, die wir weltweit ins Leben rufen und unterstützen, einen wesentlichen Gedanken unserer Unternehmenskultur: Die Demokratie lebt vom Engagement ihrer Bürger, von ihrem unternehmerischen Geist, von ihrem Selbstbewusstsein. Jeder Einzelne ist dafür verantwortlich, wie es in seinem Land weitergeht.

All diese Werte, die unsere Arbeit bestimmen, sind somit keineswegs Werte von gestern. Sie sind auch nicht kurzatmig und modisch. Es sind gelebte Werte – authentisch, lebendig und für den Alltag geeignet. Wir brauchen und wollen diese Orientierung. Eben weil die Bertelsmann Essentials nicht abgehoben sind, sichern sie unsere Kontinuität im Wandel. Diese Werte zeigen, dass man menschlich und wirtschaftlich gewinnen kann. Sie verkörpern das, was Reinhard Mohn uns gelehrt hat.

Die Autoren

Dr. Warnfried Dettling
(1943), 1983–1991 Ministerialdirektor im Bundesministerium für Jugend, Familie, Frauen und Gesundheit, arbeitet als freier Autor und Politikberater in Berlin.

Michael Hilti
(1946) ist seit 1994 Präsident des Verwaltungsrates der Hilti AG in Schaan, Fürstentum Liechtenstein.

Dr. Wolfgang Huber
(1942) ist seit 2004 Bischof der Evangelischen Kirche Berlin-Brandenburg-schlesische Oberlausitz und Ratsvorsitzender der Evangelischen Kirche in Deutschland (EKD).

Prof. Dr. Hans Joas
(1948), seit 1998 Ordentliches Mitglied der Berlin-Brandenburgischen Akademie der Wissenschaften, ist Dekan am Max-Weber-Kolleg für kultur- und sozialwissenschaftliche Studien der Universität Erfurt.

Dr. Hans Langendörfer SJ
(1951) trat 1972 in den Jesuitenorden ein und ist seit 1996 Sekretär der Deutschen Bischofskonferenz.

Prof. Dr. phil. Dr. theol. h. c. Hermann Lübbe
(1926) lehrt seit 1971 als Professor für Philosophie und Politische Theorie an der Universität Zürich. Er ist Mitglied zahlreicher wissenschaftlicher Akademien des In- und Auslandes.

Dr. Johannes Meier
(1963) ist seit 2003 Mitglied des Vorstandes der Bertelsmann Stiftung und verantwortlich für das Themenfeld »Wirtschaft und Soziales«.

Dr. Brigitte Mohn
(1964) gehört seit 2005 dem Vorstand der Bertelsmann Stiftung an. 2001 übernahm sie den Vorstandsvorsitz der Stiftung Deutsche Schlaganfall-Hilfe; 2002 wurde sie Mitglied im Aufsichtsrat der Rhön-Klinikum AG.

Liz Mohn
(1941) ist stellvertretende Vorsitzende des Vorstandes der Bertelsmann Stiftung und der Bertelsmann Verwaltungsgesellschaft. Sie ist Präsidentin der von ihr gegründeten Stiftung Deutsche Schlaganfall-Hilfe.

Prof. Dr. Detlef Müller-Böling
(1948) leitet seit 1994 das CHE – Centrum für Hochschulentwicklung GmbH in Gütersloh. 1990–1994 war er Rektor der Universität Dortmund.

Rolf Schmidt-Holtz
(1948), 1990–1994 Chefredakteur der Illustrierten »Stern«, ist heute Chief Executive Officer von Sony BMG Music Entertainment.

Klaus-Peter Schöppner
(1949) ist seit 1990 Geschäftsführer von TNS Emnid und nimmt seit 2005 einen Lehrauftrag an der Fachhochschule der Wirtschaft, Paderborn, wahr.

Dr. Karan Singh

(1931), u.a. Mitglied des Club of Rome sowie der »International Commission on Education for the 21st Century« der UNESCO, ist Kanzler der Jawaharlal Nehru University in Delhi.

Dr. Gunter Thielen

(1942) ist Vorstandsvorsitzender der Bertelsmann AG und Mitglied des Kuratoriums der Bertelsmann Stiftung.

Prof. Dr. Dieter H. Vogel

(1941), Geschäftsführender Gesellschafter der LGB & Vogel GmbH, Düsseldorf, ist Vorsitzender des Aufsichtsrates der Bertelsmann AG und Mitglied des Kuratoriums der Bertelsmann Stiftung.

Prof. Dr. Dr. h. c. Werner Weidenfeld

(1947) ist Mitglied des Vorstandes der Bertelsmann Stiftung und Direktor des Centrums für angewandte Politikforschung (C·A·P) an der Ludwig-Maximilians-Universität, München.

Verantwortlich: Richard Wagner
Lektorat: Arno Kappler
Herstellung: Sabine Reimann
Gestaltung und Satz: Groothuis, Lohfert, Consorten, Hamburg
Druck: Hans Kock Buch- und Offsetdruck GmbH, Bielefeld
ISBN 10: 3-89204-926-2
ISBN 13: 978-3-89204-926-5
www.bertelsmann-stiftung.de/verlag